水滸傳 5

施耐庵著

冰瑩遊記

芝加哥記遊

芝加哥，是美國的第二個大城市，也是黑人最多的地方，他們佔芝加哥總人口百分之二十五，那就是說，每四個人裏面，就有一個黑人。全市人口，共有三百五十多萬。

芝加哥，不僅是美國的鋼鐵中心，它所出產的鋼鐵、機器，爲全世界之冠；市區鋼鐵的生產量，據說要大過日本全國，同時也是美國鐵路、水路、公路、航空的軸心，有二十二條鐵路會集在芝加哥，列車每天出進達一七七〇次，每四十八秒鐘，就有一列車出進，每天運送來往旅客二十九萬多人；此外十九家航空公司、十六家輪船公司，和巴士公司，更是從早到晚，忙個不停。

芝加哥在一六七三年被法國神父馬貴特與探險家若雷（Tnr Louis Joliet）勘察密西西比河到此，就佔領了這地方，接著，印地安人、英國人都想長住在此。一七七八年，美國人與這些外來的人奮勇作戰，才收復了芝加哥，成爲美國中西部的首府。來此觀光的遊客，四時不絕，在這裏住過半年以上的人，都會告訴你芝加哥有三「多」十二「最」，何謂三多呢？

第一、高爾夫球場最多，共有二百二十個。

第二、公園最多，共有一百七十四個。

第三、旅館最多，共有一千四百多家。

十二最，是指：一、最大的水族館，二、最密的鐵道，三、最大的屠宰場，四、最大的海濱浴場，五、最亮的路燈，六、最長的林蔭大道，七、美國最大的淡水湖——密歇根湖，八、世界最大的倒流河——芝加哥河，九、最大的足球場，可容觀衆十萬一千多人，十、最大的鋼鐵廠。十一、最大的郵政局，十二、最大的水利工廠。

這眞是一幅奇景，普通都是江水向東流，而芝加哥河剛剛相反，它是由西至東，從市區流至密歇根湖。這條河與這個湖，增加了芝加哥的旖旎風光，也給芝加哥帶來令人羨慕的繁榮。那座建築在水裏的六十層大樓，爲家具供應社，底下二十層爲停車場，假如你想走完這座樓，至少需要三小時。

芝加哥的房子，建築得特別高，他們說三十層的市政府大厦，有紐約七十層高；以畢加索設計的一個雕像來說（在市中心區），就有五層樓那麼高。這眞是一幅奇怪的畫，有人說像人頭，也有人說像馬頭；還有人曾經寫過文章批評這個設計是帶有諷刺性的；可是諷刺什麼呢？作者又說不出一個所以然來，只因畢加索的名氣太大，所以誰來到這裏，都要仰起頭來欣賞一番。

我特別喜歡的是芝加哥平靜的湖水與河流，還有電線桿上的綠樹紅花。我知道樹和花有假的、也有眞的，不管怎樣，美化環境的工作，他們是做到了的，使每個來芝加哥觀光的旅客，留下很好的印象。

最有趣味的事，該是住在那一百層住宅高樓上的居民了，他們在樓上，可以欣賞白雲冉冉地穿過窗口，如果有事上街，先要打電話詢問下面的人是晴天？還是雨天？氣候冷不冷？然後再出門。

芝加哥素有風城之稱，冬天是非常寒冷的；可是去參觀工業科學博物館、自然歷史博物館和水族館的遊客，還是那麼多，這因爲在這些博物館裏面，可看的東西實在太多太美了：譬如在美術館裏，你可以看到大量東方的古畫和法國的印象派畫；在自然歷史博物館裏，可以得到許多有關人類學的知識，許多小學生，在圍著看一個鷄蛋如何變成小鷄，一方面，有錄音在說明孵小鷄的經過情形，這比坐在教室裏的老師講書所得到的印象深刻多了。

在芝加哥大學的東方博物館裏，我曾看到三千五百年前的金字塔、石刻像，和壁畫；還看到埃及三千年前的木乃伊，有男的，也有女的。爲了研究中東的早期文化，芝大特地建築這座有歷史價值的博物館，伊朗國王曾親自來到這裏，主持破土典禮。第一次發現原子能，也在此處，有一塊石碑，記載這件事情。

還有一件芝加哥的市民常引以爲榮的事：美國最早的兩位太空人麥克德和懷特，幼時都在芝加哥受過教育，特別是麥克德出生於芝城，有一部紀錄片，從一九〇三年美國最初開始飛行的歷史映起，至一九六五年麥克德和懷特上太空爲止，非常受觀衆歡迎。

芝加哥飛機場之大，並不亞於紐約，平均每天總有一千多架飛機起落，有時候，機場堆得滿滿的，外來的飛機無法降落，只好翱翔在天空；有一次是狂風暴雨的晚上，一架從佛羅里達飛往芝加哥的飛機，竟在空中飛了一個多鐘頭不能降下，卽此一例，就可見芝加哥機場擁擠的一斑。

科學館和動物園

芝加哥的科學館是舉世聞名的，這裏要介紹的是自然歷史博物館——建於一八五七年，以芝城區域的自然發展史爲主，展出包括這一區域在成爲城市以前的各種動物、植物以及野生動物的羣居棲息情形；特別是他們所做的地圖模型，顯示出密歇根湖地區，在一萬兩千年以前的冰河時代，是如何形成的；此外還展出各種鳥類、昆蟲、爬蟲類，以及貝殼魚類等標本。

這科學館位於動物園的附近，因此前往參觀的遊客特別多。

動物園成立於一八六八年，紐約的中央公園負責人曾贈送一對天鵝作爲賀禮，現已成爲全國最好、最完備的市立動物園之一，裏面豢養著兩千四百種以上的各種不同的飛禽走獸。

此外，還專爲兒童設有動物園，專門飼養一些性情馴良的動物，孩子們可以進去和牠們一同玩耍；同時，這裏還設有新生動物的養育看護所，孩子們最喜歡看那些小動物，這是培養兒童愛護動物的最好機會教育。

公園

芝加哥的公園，不但特別多，而且也特別大；即使你花上一整天時間，也不可能窺其全貌。它佔地約一千一百英畝，裏面包括動物園、溫室花房、網球場、高爾夫球場各一，還有兩座博物館、三處遊艇碼頭、一個下棋的亭閣；此外還有一個棒球場、腳踏車道、野餐區域以及海灘等。

提到海灘，要特別加以介紹一下，這裏常年保持整潔，一到夏天，還有救生人員經常往來巡視，以防萬一發生意外。海灘旁邊，建有沖浴室、洗手間，都是免費供應，十分方便。

美國各地的公園，幾乎都有一個特點，那就是面積廣濶、樹木繁多、草地柔軟，孩子們可以學泰山一樣，攀援樹鬚打鞦韆，也可以在草地上滾來滾去，行日光浴，實在太美，太好玩了。

華盛頓散記

國會圖書館

如果你到了美國首都華盛頓，不去參觀國會圖書館，你也許會遺憾終身的。

在美國，我最喜歡參觀的地方第一是圖書館，其次纔是博物館、動物園、水族館和公園。國會圖書館，眞不愧爲世界第一，它所收藏的各種圖書，有一千四百多萬册，收藏品五千五百多件，每年到那裏去看書的讀者，至少在一百五十萬以上。每年收到各地寄來的書籍，約有七百至九百萬件，它是一切研究機關與公共圖書館的資源總庫，所有圖書，都可以免費供給政府海內外機構的工作人員使用。總目錄分成若干類，編得秩序井然，一目了然。館內一共有十六個閱覽室，你如果長住在華盛頓的話，還可以申請一個桌子，每天去看書或者去找資料。

圖書館經常有各種文化活動，例如藝術展覽、音樂演奏（每週定期舉行一次）、學術講演等。裏面藏有最珍貴的資料，這些都是富有歷史價值，而在別處看不到的，比如原版聖經、美國各屆總統的手跡，包括林肯總統演說詞的草稿，和許多書信眞跡；傑佛遜總統親筆的獨立宣言、富蘭克林發明的雙光眼鏡鏡片的圖解等。

這個圖書館的總面積，一共有三百六十英畝。一八九七年舊館落成，牆的顏色是灰的；後來因爲書籍越來越多，於是在一九〇三年又增蓋了新的，牆壁是純白色的大理石所築成。公共閱覽室，是一座圓形的大廳，不論有多少人在那裏看書，就像入無人之境，一點聲音也沒有，不要說沒有人敢在這裏談話，連翻書都是輕輕的。

一九五九年成立中文部，我們去參觀的時候，正遇著一位從臺灣來的蔡先生在那裏辦公，他是澎湖人，談起我曾兩次去過澎湖，他非常高興。

「你們儘管參觀，要借什麼書，告訴我，登記一下就行了。」

「任何人都可以借嗎？」

「當然！」

「不怕丢嗎？」

「很少有這種情形。」

於是我們走進藏書室的最裏面，突然我發現一列湖南各縣縣志，我找到了新化縣志，還查到了我的故鄉謝鐸山，這時我高興得無法形容。我慢慢地把縣志放回原處，我很奇怪，這些書從何處購到的呢？

我又隨手打開了他們的藏書目錄抽屜，在H部，找到了自己的名字，看到我有十幾本早年的作品在那裏，眞是高興極了。

「盲人如果寫信來借有聲的書，我們是不收郵費的；國會議員可以自由借書出去，假如限期到了，還沒有看完，可以來信申請延期的。」

蔡先生說：「還有，你們的作品，假如絕版了，也可以來這裏借去影印的。」

這眞是我應該告訴大家的，夢想不到的好消息。

參觀國會圖書館，使我有很大的感觸：一個國家的進步，從政府對於文化重視的程度便可看出；而文化由甚麼地方可以代表呢？很顯然地是圖書館了。

林肯紀念堂

參觀林肯紀念堂，向這位解放黑奴，提倡「民有、民治、民享」的偉大人物致敬，是我到華盛頓的第一個節目。

遠遠地就從車內望到了那三十六根雪白的大理石柱子，代表林肯被刺死難時美國的三十六個州。

慢慢地爬上五十八個石坡，才能進入紀念堂，看到這位偉人的坐像。這是一座沒有牆，也沒有門的紀念堂，一天到晚不知有多少人來到這裏向林肯總統致敬、攝影。

據張天心先生告訴我：這座石像有十九英尺高；紀念堂於一九一四年二月十二日破土開工，到一九二二年五月三十日全部完工，整整花了八年多。林肯的石像，由著名塑像家佛蘭其（Daniel C. French）負責主持，紀念堂裏面的壁畫，由名畫家貴倫（Jules Guerin）畫成。紀念堂的南北兩牆的大理石上，刻著兩篇林肯生前所發表過的著名演講詞；紀念堂的外面，刻有當時美國所有的四十八州的名字。

我相信，凡是上過中學的人，在英文課本裏，都讀過華盛頓和林肯的傳記；林肯是美國的第十六任總統（一八六一—一八六五），一八〇九年二月十二日生於肯塔基州一個貧苦人家。他曾經有一段苦不堪言的生活經驗：上山伐木、入伍當兵、做過郵差，也當過測量員。他沒有力量接受正常的教育；但他憑著努力自修，堅苦奮鬥，百折不回，忍讓寬大，熱愛人類、熱愛國家的精神和美德，終於出人頭地，由律師而被選爲州議員、聯邦議員，最後做了總統。像這樣一個世上少有的完人，是不應該遭受暗殺的；可是一八六五年四月十四日，這個不祥的日子，林肯被刺身死於華府福特劇院，不但美國全國民衆無不同聲哀悼，一直到今天，凡是去參觀林肯紀念堂的，望著這一代偉人那個臉上表現莊嚴、沉著、堅毅、仁慈的雕像，沒有不深深地感動，從內心發出無限的敬仰。

國家公墓

這眞是一個名副其實的國家公墓，無名英雄和甘迺迪總統都葬在一塊兒；唯一不同的是：甘迺迪的墓佔地大一點，周圍用繩子圍著，當中燃著長明之火，在他左右是兩個女兒的坟，令人看了感到無限的難過。離他不遠，又有一座新坟，這是他的弟弟，和他同一命運，也是被歹徒刺死的。

甘迺迪總統的墓邊，經常有人送鮮花或者花圈去。參觀的人，都恭敬地站在那裏默默地向死者獻上各人的祝福，祈禱他們在天之靈平安。

華盛頓故居

遠遠地看見有一堵人牆站在那裏，前面的在慢慢地移動，用不著問，就知道我們也要排上起碼半小時以上，才能進屋裏去參觀。

大家都很守秩序，不論男女老幼，沒有插隊的，也沒有高聲談話的。進了門，更靜寂了，大家聚精會神地注視每一間房裏的陳設，客廳桌上的撲克牌、臘燭、水菓；廚房裏的火腿、臘肉、火鷄、野味；洗衣房的襪子衣服；儲藏室裏的馬車、騎馬的各種用具、爬草用具……無一樣不是按照華盛頓總統生前的佈置。

那輛馬車，還是十八世紀的，本來是費城市長的馬車，華盛頓總統去那裏開會時，市長請他坐過，他很欣賞，於是市長就照樣做一輛送給他，因爲太舊了，不甚美觀，於一九五〇年重新修理油漆過一次，馬房裏養著十四高大的馬，牠們是不吃草的，猛一看，以爲是眞馬，其實是臘做的，實在是太逼眞了！

喬治・華盛頓（George Washington, 1732-1799）是美國第一任大總統。當我們很小的時候，就聽到一個關於他幼時砍櫻桃樹的故事：他父親問孩子們，樹是誰砍的？華盛頓答應是他砍的。據張天心先生說，他曾問過一位美國歷史教授，究竟有沒有這回事，那位教授回答，歷史上並沒有記載，可能是欽佩他的人故意創造這個故事，以宣揚華盛頓從小就是個最誠實的好孩子。

華盛頓故居，在美國首都華盛頓市的近郊佛蒙山（Mount Vernon）的鄉下，距離華府約三十英里，開車半小時至四十分鐘可達。一路上風景幽美，鳥語花香。這一天是師大校友劉伍群先生導遊，他已經來過很多次了，所以在參觀之後，提議去後面的公園草地上休息，欣賞那古木參天、濃蔭蔽日、綠水藍天的野外風光。

華盛頓故居，佔地五千英畝，據說是他的曾祖父向公家免費請領來的。華盛頓三歲的時候，他的父親曾帶他在這裏住過幾年，後來又隨父親遷居別處；十一歲時父親去世，他就隨著哥哥勞倫斯在田莊生活；不幸在他二十歲那年，哥哥也歸天了，於是這一大片土地，就屬於華盛頓和他的夫人瑪莎。

一七五二年戰爭爆發了，爲了和法國以及印第安人作戰，華盛頓勇敢地走上戰場，爲自己的祖國和敵人拚命。一七七五年，華盛頓被選爲第二次大陸會議的出席代表，接著發表他爲美洲大陸陸軍總司令，展開反英獨立運動。一七八九年，華盛頓被選爲美國第一任大總統，四年期滿，又得連任；一七九七年，全國選民又要他繼續連任下去；但他再三地謝絕了，他要回到鄉下去靜居，享受一下人間清福；可惜不到兩年，他就因病與世長辭；他的夫人也於一八〇二年逝世，兩人合葬在一起，有一塊墓碑，上面刻著「華盛頓將軍長眠於此」。

除了參觀這些能引人入勝的風景古蹟外，田莊內還有博物館、花房、紀念品販賣處、花圃、波多馬克河（Potomac River）的流水，與河邊的依依垂柳，都是使遊人流連忘返的地方。

華盛頓D.C.的氣候

華盛頓D.C.的氣候，也像中國的大陸一樣，春夏秋冬，四季分明；冬天很冷，有時大雪紛飛，銀枝玉樹，整個大地，成爲銀色世界的時候，家家戶戶早已開了暖氣，汽車裏面，也都有冷暖氣的設備；只有從家裏出來，走向汽車的時候，非有一件厚厚的大衣不可！

夏天是相當熱的，而且有點潮濕，旅行最好的季節是春秋兩季；尤其春天在華盛頓是最美最能吸引遊人；原因是這裏種了許多櫻花，一到四月，環繞白宮、林肯紀念堂一帶，滿眼都是櫻花，姹紫嫣紅，美麗極了！秋天可以欣賞紅葉，這兩季的氣候宜人；不過也可能有變化，有時也會突然變得很冷，或者很熱，遊客們多帶兩件薄而柔輭的毛衣，總是好的。

唯妙唯肖的蠟像館

「你到了華盛頓，一定去參觀蠟像館；要不然，你會後悔一輩子的。」

媛珊再三叮囑我，在後悔下面，加上一輩子三個字，未免太嚴重一點，我回答她：

「那要看有沒有時間，我只能在華盛頓停留三天半，要參觀的地方太多了，主要的我要看看他們的中文教學，還有林肯紀念堂、華盛頓故居、國家公墓、國會圖書館、博物館……」

「那麼，你到了華盛頓，先看蠟像館，再去別的地方。」

聽了媛珊的話，蠟像館在我的腦子裏，留下了深刻的印像。

抵達華盛頓的第四天，也就是最後的一天，我請大使館的文化參事鮑幼玉先生陪我參觀蠟像館和華語教學班。

「好的，這兩處地方相隔不遠，我們先去蠟像館。」

鮑先生買好了票，我們走進去，房子裏的光線是暗暗的，有一股奇冷的空氣迎面襲來，彷彿走進了冰窖，我不覺打了個寒噤，後悔沒有帶件夾克來。

這是我第一次看到能夠像眞人一樣活動的蠟像，無論眼睛、嘴唇、四肢……每一個動作，都是那麼和活人一樣唯妙唯肖。正在我感到稀奇驚訝的時候，忽然走到了一間印地安人殺人的地方，鮮紅的血噴了出來，我嚇得幾乎暈倒，連忙說：

「鮑先生，我有心臟病，不想看了。」

我把眼睛緊閉著，站了一會兒，想要向後轉，鮑先生說：

「不要緊，前面沒有比這更可怕的畫面了。」

於是我半閉著眼睛，慢慢地向前走。我聽到一曲非常柔和婉轉的鋼琴獨奏，那是貝多芬「給愛麗絲的一封信」，我睜大著眼睛一看，原來有一位像貝多芬的音樂家正在彈鋼琴，不但兩手在鍵盤上移來移去，有時快、有時慢；而且頭部和身子都在擺動，完全像一個眞的人在那裏演奏，那裏像蠟人呢？

我站在這裏欣賞了很久，我知道琴聲是放的錄音；可是和臘人手彈的姿勢非常吻合，實在做得太巧妙、太逼眞了！

如果要想仔細看個究竟，恐怕一整天也看不完，這天因爲時間的關係，只能草草地瀏覽一遍。

這些蠟像，不但在髮型、眉毛、嘴唇……以及所有服裝和眞人的完全一模一樣；而且每個人物的動作和表情，都是栩栩如生，使你不能不佩服製作者的高明技術。

「怪不得媛珊再三囑咐我，要我千萬去參觀蠟像館，否則我眞會後悔一輩子的。」

當我們參觀完了，走近門口，看到已故甘迺迪總統夫人和她的兩個孩子的蠟像時，我這麼對鮑先生說。

舊金山漫遊

溫暖的氣候

當你從大雪紛紛，到處是一片銀色世界的美國北部，來到舊金山的時候，一下飛機，就感覺特別溫暖，很自然地，你會先把厚厚的大衣脫下來。從機場到市區，你在車內，看到馬路兩邊那些翠綠的樹，鮮紅的花，你彷彿從北極到了南極，你的精神會忽然振作起來，不再被寒冷的空氣鎖住，委委縮縮地躲在暖室了。

舊金山的氣候是令人喜愛的，不冷不熱，四季如春，一年每天平均的氣溫是華氏六十至七十度，八月算是最熱的一個月，曾經到過華氏九十度；不過這樣的日子，只有兩三天，一天只有幾小時這麼熱的，像一九七一年曾經到過華氏一〇四度，報上說，這是幾十年來才遇到最熱的一次，由此，可以證明舊金山的氣候，實在太好了。

三月是舊金山的雨季，不過最多只有兩星期，有時也許一連兩三天看不見陽光；有時整個城市也許會被濃霧籠罩着，晚上要開暖氣，出門要穿大衣，早晚一件薄薄的毛衣是少不了的；可是太陽一出來，你就覺得週身暖洋洋地舒服極了。

金門大橋（Golden Gate Bridge）和灣橋（Bay Bridge）

你初來到金山，朋友一定先帶你去參觀金門大橋。這的確是一項偉大的工程，長九千二百呎，寬九十呎，用八萬五千噸鋼條做成橋索，用了十萬加侖的油漆，同時可以行駛六輛汽車，兩旁還有行人道，是溝通舊金山與北加省來往的要道，建築費花了三千五百萬美元，經過四年才大功告成。太平洋上的任何大輪船，都可以從橋下經過。

除了金門橋之外，還有一條灣橋，又名屋崙橋，這是由三藩市直通奧克蘭的世界最長橋梁之一，橋長八英里，也是六線，分為上下兩層，來往分層行駛。建築費用去七千七百萬美元。

每逢日落日出的時候，這兩條跨在海上的橋，壯麗極了！當晚霞滿天，火紅的太陽照在海上，放射出萬道金光；或者被濃霧籠罩，橋身被隔成幾段，或者看不見橋身，只看見鋼索；有時只露出橋身，不見鋼索，橋在虛無縹渺之中，若隱若現，使人如置身仙境，不知這是天上？還是人間？

世界最彎曲的路——蘭巴道

號稱爲世界最彎曲之路的蘭巴道，眞是名副其實。這條路也是觀光勝地之一；但你不能步行，也不能停車在路上欣賞兩旁的奇花異卉。一年四季有各種顏色不同、種類不一的花，開放在每一個彎角，這是經過花匠一番精心設計的，花的高矮、大小，和顏色的配合，是那麼恰到好處。駕車的人，要有高度純熟的技術，才能在這條彎路上行駛；萬一你不小心壓倒了花草，不但你要受罰，而且也太危險了。雪堂曾經載我們來遊過，他的駕駛技術高明，兩手扶着方向盤，左彎右轉，輕鬆愉快，使我們坐在車裏的人，只管盡情欣賞彎裏的花，不用躭心安全問題。

舊金山的街道，幾乎都是斜坡的，有點像香港，又像重慶，不知爲什麼，每次當我坐在車裏上坡下坡的時候，總有點躭心車子會突然滾下來，其實這是多餘的顧慮，它是很安全的。

舊金山因爲是大地震後，重建的新興都市，所以房屋和店鋪都很整齊美觀。住家的人，只要有幾尺空地，都會種植常綠葉和各種花卉；而且修剪得特別好看，有圓形的、也有方形、橢圓形，或者尖形的，舊金山也和夏威夷一樣，可以稱為花都，處處是五色繽紛的自然景色。

中國城（China Town）

舊金山的華僑人數，比美國任何一處的華僑都要多，自然，中國城特別大，也比較整潔。它和過去大大地不同，許多高樓大厦蓋起來了，行人道、馬路都拓寬了。中國城並不限於中國人住在那裏，來來往往吃飯的、買東西的，它已成為世界各國的旅客觀光的目的地之一，不但中國菜受人特別歡迎，價廉物美，而又色、香、味、聲（例如燴鍋巴）俱全，各種罐頭食品，比其他店裏都便宜；手工藝品和臺灣出產的毛衣、球鞋，各種尼龍布料，更受顧客歡迎。

一個奇異的博物館——信不信由你

在漁人碼頭不遠的地方，有一個奇異的博物館，左右玻璃櫃內，有各種引人注目的廣告攝影，博物館的名字，就叫做「信不信由你」。見了這些廣告的人，只要他口袋裏有兩塊五毛以上的話，很少有不買票進去看個究竟的。

這是一個私人博物館，主人勞勃李洛(Robert Leroy)生於 Santa Rosa California。從一八九三年開始，他曾經旅行過一百九十八個大小國家，將他所親眼看到的各種稀奇古怪的動植物、礦物，以及只有在神話中看得到的人物，和各種世上罕有的珍奇物品，都被他用高價收買運來了。

進館的第一個目標，便是我國的慈禧太后和宮女，因爲勞勃李洛去過北平，所以他除了做了慈禧太后和宮女的蠟像，穿着華麗的朝服陳列在那裏外，還有廟宇的模型、石碑、以及其他的用具。

再往前走，一個人有兩個腦袋；一隻羊身有兩個頭；另一隻一個頭的羊，卻有兩個身子，這些並不是用人工裝上去的，而是眞人眞羊的標本。

當我們讀過鵝媽媽的故事後，以爲這只是一個寫給孩子們看的童話而已，原來眞有這個老太太，用她的體溫，孵出無數的小鵝出來，一六六五年，她生於波士頓。

最奇怪的，一位名叫 Charles Charlesworth 的人，當他長到七歲的時候，突然有一天他變成一個像八十多歲的老人，頭髮、鬍鬚、眉毛都是白的；可是身體還是和七歲時一樣，並沒有增高。

還有一個犯罪的人，這個故事，我們曾經在袖珍小說裏讀過的。他自己用鐵圈套成一根六百七十磅的鐵鍊，掛在他的脖子上，當他負擔這麼重的鍊子，在印度街上慢慢地走着的時候，吸引了成千成萬的觀衆；可是他自己一點也不覺得苦，臉上現出堅毅、勇敢的表情。

世界上最小的小提琴，放在手掌裏，還不到五寸；但它能發出美妙的聲音來。

用一萬六千三百六十個，上面印有林肯總統像的一分錢，蓋成一座美麗好玩的小房，有窗有門，重二百磅，屋旁種有花木，非常美觀。

那些神秘的、奇怪的，我們平時一輩子看不到，而且也不相信的各種標本、模型，應有盡有。博物館裏面那些令人驚訝的古怪東西，實在太多太多了。每一件都有很詳細的說明，地點、年代，以及當時收購這些標本的價目，都有記載。我親自看見有好幾位觀衆，在那裏寫筆記，我只顧看去了，沒有時間寫，幸虧雪堂在身邊，他一面解釋，一面爲我抄下那些重要的，眞要感謝他的導遊；否則，我和冰容那裏知道舊金山還有一個這麼特別值得一看的博物館呢？

漁人碼頭

這是一個凡是來舊金山觀光的客人，一定要去參觀的漁人碼頭(Fisherman's Wharf)。遠遠地看見那堆得高高的橘紅色的螃蟹，就會不由自主地呑起口水來。這裏並不只售螃蟹，還有各種新鮮的貝類，有生的，你可以買回去自己烹調；熟的，就可坐在那裏吃，反正有的是專爲客人預備的桌椅。這些螃蟹都是每天由太平洋的深海裏打撈上來的，味道又肥又鮮美；還有一艘十八世紀時代的大船停在那裏，專門供給遊人上去參觀。

不堪回首話當年——華僑一頁奮鬪史

「一、如無華人，卽無加州。

二、如無華工之努力，美國國運至少要停滯十年。

三、凡有十字路口的地方就有中國人；凡有中國人的地方就有他們的特殊貢獻。」

以上是美國一位名人說的。

一八六五年，當我們的僑胞開始爲美國流血流汗，修築太平洋鐵路的時侯，他們是在一種被侮辱、被歧視的情形下工作的，同樣是築路工人，而待遇卻有三等。

愛爾蘭工人，每天由兩元五至四元五。

白種工人，每天兩元。

中國工人，每天一元。

最初工作進行很慢，白人在一八六五年只築成二十二英里，一八六六至一八六七兩年之間，只築三十六哩；而華人鋪軌，一天十哩，不能不令監工的人驚訝；不但如此，而且他們愛清潔、講道義、重感情，儘管待遇不平等，也絕無怨言。散工的時候，他們有的看書，有的和朋友話家常，拿到微薄的工資，決不敢浪費一天，一分一毛地存儲起來，寄回國去養家，或者幫助要來美國的親友做路費。

原定一八七七年完成的鐵路，卻提前於一八六九年竣工了。

鐵路完成之後，美國政府特別獎勵華工，一九六九年五月十日在舉行「金釘百年紀念大會」的時候，公開表揚我華工是最守法而努力盡責的模範工人。這眞是中國人的光榮，也是華僑胼手胝足，華路藍褸以啓山林的結果。今天成爲觀光勝地的中國城，其中不知有多少辛酸多少淚，眞是不堪回首話當年！

讓時光倒流到十七世紀吧：

大清法令規定：

「凡國人在番邦託故不歸，復偸漏私回者，一經拿獲，卽行正法。」

當時沿海三十里的地方，都不准人民居住，原因是怕他們偸偸地跑去「番邦」。

美國商人來中國採辦絲綢、茶葉、香料，始於十八世紀，有位名叫蕭裔少校的（Major Samuel Shaw），於美國獨立戰爭中曾在砲兵團服務七年，一七八四年（乾隆四十九年）

一月十五日來我國廣州經商。

一七八六年有四十五艘美國船駛來中國，開始了正式通商，一七九三年華盛頓發表駐華領事官。

一八四八年，中國有兩男一女，乘美國帆船神鷹號抵夷巴般拉（Yuba Buena）（即今舊金山，簡稱金山），後來因爲發現有金礦，來此淘金的人，一天比一天多起來，在一八四八年底，只增加四名華人，第二年就有七百九十一人，一八五〇年，突增至四千零十五人，兩年後，加州人口共二十三萬三千八百五十六名，其中中國人佔二萬五千，到一八七〇年的時候，就有七萬七千了，在美國文獻裏，他們描寫華人最初來的時候：

「穿着藍布棉襖、寬大的褲子，腦袋後面垂著一條長長的辮子，手裏搖着一把大葵扇。」

那時候，他們連一個英文字母都不會，居然能夠披荊斬棘，在美國打下了成家立業的基礎。

可是不幸的事情發生了，一八八二年五月六日美國國會正式通過了「排華律」（The Chinese Exclusion Act），原因是，他們說華人賺了金沙與金塊都寄回老家去，米糧食物不該由中國運來；同時廣州幫和香港幫，曾經因爲言語不通，意見不合，械鬥過一次，死傷很多，美人稱這次不幸事件爲「中國人的戰爭」（Chinese War）。

其實眞正的原因，在於自從一八四九至一八五一年，白人就開始歧視華人；一八五九年，白種工人顯然是有計劃地公開排華，凡是雇用華人製雪茄煙的，都遭到不買賣該廠香煙的抵制；最可惡的，是當一八六九年五月十日太平洋鐵路完成，舉行慶祝典禮的時候，愛爾蘭工人居然不許華人參加；而我們的僑胞，因受中國五千多年來的仁愛忠恕思想的薰陶，他們不和白人爭鬪，眞的不參加了。這時候，美國工人組成人民自衛聯合會，反對華工；一八七九年六月，有都會教堂(Metropolitan Temple)的牧師嘉羅治(Isase kalloch)者，競選舊金山市市長，他以反對華工爲口號，以爭取選民。

當一八七六年，華工來美的已達三萬二千名以上，更引起愛爾蘭族暴民領袖乾尼(Dennis Kearney)的嫉視，他煽動加州各地工人到處暴動；第二年七月，在大沙地(Sandlat)舉行沙地煽動大會，搗毀華人洗衣店二十多家，損失很大。

因爲華人的忠於職守，奉公守法，絲毫沒有野心，更不以罷工、怠工等手段來要求加薪，所以雇主都願雇用華工，這自然會引起白種工人的嫉妒和恐懼。

一八七八年(光緒四年)中國開始在美設置使館，以陳蘭彬爲公使，在任三年。那時華人在美有十四萬多人，在金山約六萬多。採金潮過去以後，他們轉業，有的開餐館，有的開洗衣店，有的營建築。有一座三層樓用花崗石蓋成的洋樓，位於舊金山寬尼亞街及孟金街角，所有石頭都是由中國運來的。

爲了限制華人入境，從一八九四年開始要護照和簽證；一九四一年十二月七日，珍珠港事件發生，太平洋戰事爆發，我軍和美軍並肩作戰，抵抗共同敵人——日本軍閥，彼此邦交日趨親善，於是羅斯福總統於一九四三年十月十一日提交衆議院，廢除排華律，卽獲通過。從此華人在美，再也不受仇視；特別是近二十年來，我僑胞及留學生在美都有優良的成績表現，更受美國朝野重視，因限於篇幅，不一一介紹了（以上資料，一部份參考少年中國晨報）。

舊金山的華僑教育

也許是因爲　總理孫中山先生是廣東人的關係，所以早期來美的僑胞，幾乎全是廣東人，一直到今天，他們都說着一口廣東話，同時並沒有忘記祖國的文字。

在一九〇五年美國議會通過「加州學校法」，主張設立遠東公立學校，以供中國、韓國、日本學童讀書。在這以前，舊金山有許多家館，以教書先生的姓爲館名，例如黃館、李館、謝館、楊館等。有一家陳馨甫館，除了教四書、古文、八股之外，還教唐詩；有個文華社，提倡敬惜字紙、祭孔子和文昌帝君。遠在一八八四（光緒十年）年，舊金山就創辦了一所「大清書院」，每人每月繳學費五毛。自星期一至星期五，每天下午四點半上課至九點，星期六，由上午九點至下午九點。學校老師有正教習和副教習（正教習多半是舉人），八至九點由正教習講解四書，全院學生都要來聽，其他課程為五經、左傳、幼學瓊林、對聯習作。辛亥革命以後，大清書院改為「中華僑民公立學堂」；一九二七（民國十六年）改名中華中學校，直到如今。

這是一所歷史悠久、學生較多、辦理優良的華僑中學，圖書館藏書豐富，據說為南北美州僑校之冠。中華、協和、聖瑪利這三所學校，都有鼓樂隊之組織，每逢我國慶或者元旦，都參加表演，精神抖擻、服裝華麗、操演純熟，見者無不鼓掌讚美；此外，建國學校、南僑學校的藏書也不少，南僑有十三經注疏、二十五史、四部叢書、萬有文庫、新舊文學書籍等一萬餘册。

青少年學生是最喜歡運動的，男生多半學習國技、太極拳、八卦拳，更愛參加排球、籃球、乒乓球各種球賽，女生則喜歡音樂和舞蹈。

過去教學都用廣東方言，現在大家都感覺方言只能和港粵僑胞溝通感情，而無法與全國同胞聯絡，共商國事；因此都在慢慢地改用國語教學，只要老師也有學習的精神，現在所有華校的學生，都會講國語，讀國音，像新加坡、馬來亞、菲律賓、韓國、日本的僑生一樣，都能說得一口標準國語，對於祖國偉大的文化，更容易了解，更容易接受了。

金山的報紙

少年中國晨報是舊金山資格最老的報紙，創刊於一九一〇年，是 孫總理在金山時創辦的，現在還有 國父當時辦公的書桌，保存在該報館。這是一張特別有紀念價值的桌子，國父曾在這桌上繪國旗黨旗圖樣，設計中華民國金幣券，十元、百元、千元的圖樣，把國父親手繪的青天白日滿地紅的國旗，附印於每張金幣券上。

少年中國晨報自六十二年起增加篇幅，另有副刊，爲綜合性質。

金山時報一九二四年創刊，爲同源總會所辦，字模很大，可能是專門供給年老華僑看的。

此外還有東西報、正言報三日刊、世界日報、中央日報、聯合報、星島日報等的航空版，連同上面所介紹的幾種報紙，都是最受僑胞歡迎的。

舊金山的老人娛樂

不知道從什麼時候開始，社會上流行三句話：「美國是兒童的天堂，青年、中年的戰場，老年人的墳場。」因此在一般人的腦海裏，深深地留下美國老人可憐的印象，他們不受兒女們歡迎，一個人，或者老夫婦兩人，住在養老院裏，過着寂寞無聊的生活：天氣清朗的時候，他們孤獨地走到公園，坐在椅子上晒太陽；遇到下雨颳風，他們只好在客廳裏看看電視，對着灰暗的天空，打發煩悶淒涼的日子。

這是一般人在想像中的生活，其實他們（包括男女）並不是我們所說的那麼苦，那麼可憐。據我所見所聞的，在加州，老人的活動很多，他們不論在任何養老院裏，每月甚至每週，都有很多交誼活動，現在列舉幾項如下：

一、慶生會——每月都有一位或數位老人過生日，老人院的主持人，一定安排一些慶祝節目，不可缺少的是吃生日蛋糕、唱生日歌、送壽星禮物、請人來演舞臺短劇；或者邀小朋友來表演芭蕾舞、唱歌，或者有學生樂隊來演奏，每次都有茶點招待。被邀請表演的，都是義務性質，不要任何報酬的。

二、音樂會——這也是每月必有的節目。演出的都是古典音樂或民間通俗音樂，非但陶冶老人的性情，使他們精神愉快；而且可以把他們帶到童年時代，沉浸在甜蜜的回憶裏，暫時忘記了老年的生活。

三、看電影——爲優待老人，電影票只需付五毛。有些人數較多的老人院，由主持人租了影片來院放映，假如老人年齡到了七、八十歲，身體還很健康的，她也可以出外看電影、聽音樂會、參觀畫展。有些商店，只要拿出「老人證」給他們看，買東西還可打折扣的。

四、郊遊——這是老人最歡迎的節目之一，因爲卽使有兒女在金山的人，他們每天忙於工作，沒有時間陪父母出去玩。如今老人院規定每月有郊遊的節目，每月不同；例如這個月參觀柏克萊大學，下個月就去金門公園野餐，或者參觀水族館、動物園。

五、玩保齡球——這是一種像兒童玩具一般大小的保齡球，可以把瓶子放在桌子上玩的。

六、賓果遊戲——這也是最受老人歡迎的節目，不用腦筋，只要聽覺、視覺靈敏，贏了可以得到各種吃的或用的獎品，這些獎品，有的是商店爲做廣告送的，有的是別人捐的，也有老人自己做的手工藝品拿來充數的。

七、工藝——老人並不喜歡整天只吃飯、睡覺，他們喜歡工作，有的學畫，有的學做陶瓷，有的製作各種禮品，例如做生日卡、聖誕卡、情人節卡、洋娃娃、織小毛巾、鈎披肩、鈎帽子、織毛衣等。

八、綫飾——這也是手工藝品，她們用塑膠線鈎成各種花盆的吊鍊，套在花盆的外面，以便垂掛在室內或者走廊，使花葉垂下，搖曳生姿，美麗極了。

我有一位好朋友，住在老人公寓裏，起初我躭心她太寂寞，後來她告訴我：「一點不寂寞，我還嫌每星期的節目太多呢，今天又要去旅行，週末又有一個很好的芭蕾舞團來表演。」

外此，基督敎會也辦有多種老人活動，如下棋、編織、陶瓷、健身運動等，還備有老人午餐，吃兩片麵包，或者兩個叉燒包子、一個橘子；或者一根香蕉、幾塊餅干、一杯茶，只收費四毛。信仰宗敎的老人，他們也經常去「金山寺」和「佛禪敎堂」去唸經、聽道，參觀有關宗敎的話劇演出。他們的精神上有了寄託，身體也就很少有疾病了。

美國的青年男女，對於老人的態度，的確不如我國的恭敬有禮；但政府是很關懷老人的；尤其加州，對於老人的福利更加重視，我們再也不能說：「美國是老人的墳場」，應該改爲是「老人的樂園」了。

清脆的風鈴聲

記得是兩年以前，我住在日落區第四街的時候，經常去第九街郵局買郵票發信，一次去的太早，十幾個人在門口排隊，已經過了兩分鐘，還沒有開門，隊伍中有一個老年男子忍不住埋怨道：

「牌子上明明寫着九點開門，他們都在裏面，爲什麼還不開門？」

另一位老先生接着說道：

「你看，他們的掛鐘，比我們的慢五分鐘，我們還要等呢！」

「也許他們故意把鐘撥慢，說不定下班之前又要撥快，哈哈！」

第一位老先生說完，自己先笑了，引得大家都哄笑起來。

——爲什麼老年人都來排隊，而不見青年壯年人呢？我心裏在想，馬上自己回答了：因爲老年人睡不着，所以早起；而青年壯丁正在上學、上班，那有功夫來排隊呢？

就在這時，我向街道的四週放眼瞭望，看到對面有一家中國舖子，寫着經營中國禮品，我高興極了，買好郵票，就去對面看看，誰知它要到十一點才開門，從玻璃窗戶外面望到店內牆壁上，懸掛着中國字、畫，擺着各種由臺灣進口的手工藝品，其中最使我注意的是風鈴。

在臺灣時，每年替兒女寄聖誕禮物，總要買幾個各種不同的風鈴放在食品禮物裡，他們回信告訴我：

「媽媽，每次聽到風鈴聲，使我特別想念臺灣。」

三年前，當我第三次來美的時候，朋友們送我許多禮物，有吃的、用的、玩的，只缺少一樣——風鈴。而我也因拔牙、裝牙，忙忙碌碌，忘了買風鈴，心裏總覺得缺少了一樣最寶貴的東西，直到我在這家廣東店裏，買了風鈴回來，才解除我「相思」之苦。

風鈴只剩下兩個，我都買了回來，一個送給一位學藝術的年輕朋友，一個留着自用。

這種風鈴的形式很美，上面五個塔尖像寺廟的頂，五根長短不同的銅條，中間一塊圓銅片，有五個小洞洞，下面垂着一個桼子，微風起時，銅條相擊，發出一種清脆悅耳的聲音，使你心情平靜，腦子裏澄清似水，沒有一絲雜念，最美的時候是黃昏。

坐在躺椅上，耳聽着清脆的鈴聲，眼望着蔚藍的天空裏，浮着一朵朵像山峰、像海島，又像大牡丹花、菊花似的白雲，深紅色的金門大橋，橫臥在太平洋海灣的上面，是那麼壯麗、莊嚴；雖然自從有了這舉世聞名的金門大橋以後，不知吸引了多少世界各地的觀光客，前來欣賞它的雄姿；但一想到五百多個活生生的生命，葬身橋下，也夠使人驚心動魄，感慨萬千。最近，一位青年死者的母親，曾要求政府賠償一百萬，因爲她的愛子跳金門大橋自殺，她責備政府爲什麼不設障礙物，阻止這些消極想跳海的人。

自然，這是一個社會大問題，自殺的原因很多，很複雜，即使沒有這橋，他一樣可以用其他的方法自殺的；不過舊金山還有其他兩條大橋，爲什麼沒有人從灣橋跳下自殺，而偏偏要選擇金門大橋呢？我想如果像我國燕子磯旁邊，在石頭上刻六個大字：「想一想，死不得！」也許尋死的人眞的會停下來想一想，只要不衝動，在那一頃刻恢復理智，說不定眞的會保存生命的。

舊金山很少有下雨的時候，今年加州大鬧旱災，許多山上的樹木枯了，草地變成一片金黃，報紙上大聲疾呼要家家戶戶節約用水，平時浪費水的人，都提高警覺；旅店、飯館、商店，都受用水管制，我們公寓的便所水桶裏，也放了一種水流很慢的管子，一看到下雨，大家都喜形於色大叫「忘得弗」（Wonderful）！

我喜歡雨，可是自從窗上掛了風鈴之後，我更愛風！當一陣大風吹來的時候，那叮叮噹噹的響聲，又清脆、又洪大，使我的心湖起了一種興奮、激動、振作的感覺，我想：我雖然已過古稀之年；但並沒有老到糊塗，什麼都不能想，什麼都不能做的地步，我應該常常警覺既然在世的日子不多，就要加倍努力，把想看的書多看，要寫的文子儘量多寫。有時一聽到風鈴聲，我就把它當作是暮鼓晨鐘，一分一秒也不敢浪費；有時看書或者寫作累了，我就閉目養神，使眼睛有稍爲休息的機會，這時候的風鈴聲，又像慈母輕柔的安眠曲，使我不知不覺地沉入夢鄉。

「你這風鈴是那裏買來的？聲音好聽極了！」

凡是來我這裏的朋友，聽到過這像美妙音樂一般的鈴聲，都要這麼問我。

「臺灣。」

眞的，只要是臺灣的出品，什麼都是好的、可愛的。

朋友，你再猜一猜，爲什麼我這麼特別喜歡風鈴，原來它的聲音，還像我女兒莉莉小時候彈的琴聲呢。

六十六年七月二日於金山

檳城極樂寺

極樂寺是馬來亞最大的佛寺，位於白鶴山，在檳城的西邊，離城約五英里。開山祖師是妙蓮和尚。據極樂寺志所載：在光緒年間有妙蓮、本忠、得如三位法師由厦門鼓山航海南來，他們看到這塊原來是福建商人楊秀的苗圃地址，覺得風景清幽，氣象雄偉，左邊山脈像青龍，右邊支脈似白象。海道的左面直通印度洋，右通馬來半島，出海而東，煙波萬里，這是通中國大陸的航路。

他們看中了這塊羣山拱衞，海天一色的勝地，悠然有極樂之思，於是三人商議開始化緣，下定決心，不管經過多少年，一定要建一座堂皇莊嚴的極樂寺，有志者事竟成，終於在清光緒辛卯年建成了。

從開始募化到建築完成，其中經過了十五年的辛苦奔波，到過的地方，除英屬七洲而外，還有仰光、蘇門答臘及暹邏所領各地共一百七十餘埠，每一文錢，都是出於善男信女，都是由他們辛辛苦苦募化而來。

達到極樂寺，要經過一條彎彎曲曲的走廊，這是胡文虎先生所修的，在門口有一副對聯

極天上下無如佛

樂園莊嚴總是禪

走廊兩邊都是賣小玩藝兒、紀念品的地方，擺得到處琳瑯滿目，使你眼花撩亂，不想買，也得買幾樣拿在手裏；要不然彷彿覺得太對不起他們了。

「勿忘故國！」這四個大字刻在壽佛石上，是光緒二十九年癸卯夏六月，康有爲先生題的，實在發人深省，肅然起敬！這四個簡單的字，比一篇演講辭，幾個激昂慷慨的標語有力量多了！我曾親眼看見許多人看了這四個字在默默地咀嚼，也有父親告訴兒子的：「故國，就是祖國呀！不忘故國，就是叫我們常常想到祖國！」

「爸，祖國有這裏大，有這裏好玩嗎？」

一個六、七歲的小朋友問。

「啊，祖國比這裏大多了，也好玩多了！」他的父親回答着。

「那我們爲什麼不回去呢？」

「你們長大了，就要回去的。」孩子笑了，我們也笑了。

走到烏龜放生池，只見許多人在買莧菜餵牠們，裏面有幾十斤一個的，也有活了八十年以上的，菜丟下去，牠們拚命地搶，可憐那些老的舉止遲鈍，遠不如小的活潑，菜葉都給牠們搶去了；再上去是魚池，小朋友喜歡丟下餅乾，讓牠們爭着吃。

走到花壇面前，稍爲有點感覺累了，正好站着休息一會兒，欣賞那些熱帶特有的名花。

由「覺路」上去，就到了極樂寺，一進門便看見歡喜佛，兩邊是四大金剛，然後由大雄寶殿右邊，直上萬佛寶塔，塔共有七層，每層供有佛像，以備遊人膜拜，一直走到最高一層，縱目遠眺，檳城風景盡收眼底。

「這座玉佛，是善慶和尚從仰光請來的。」志崑方丈說，他是江蘇無錫人，來到檳城已經四十多年了。

經過泰國時，因爲時間太晚，沒來得及參觀佛寺，這是我一輩子感到遺憾的事，如今看了這座大玉佛，眼界大開，高興極了。

「這裏有多少法師？」

「目前只有二十多人。」

「寺這麼大，到處打掃得一塵不染，恐怕要不少工友吧？」

「是的，工友一共有三十多人。」

志崑方丈一面說，一面請我們去接待室休息，還請我們吃了一盤味道鮮美的素炒麵。

「貴寺有廟產沒有？」

「沒有田產，只有山林。」

當方丈跑去招呼他的朋友時，我隨手翻開一本佛教雜誌，看到鼎峯和尚說的幾句話很有意義，於是連忙抄下來：

「心不離佛，則法界全眞；佛不離心，則萬行已具，若得心佛一如，卽到處無非極樂世界也。」

道謝了方丈出來，此身有飄飄然的感覺，難道我眞的遊了一次極樂世界嗎？

太平山遊記

每天晚上，從我們的院子裏，可以望到太平山頂上那七盞閃閃發出藍光的電燈；有時山頂被白霧籠罩住了，那藍色的光輝從薄霧裏透出來，那麼神秘，那麼美！

——什麼時候我能爬上山頂，欣賞一下那兒的風景呢？

不知有多少次我問自己。

如今，這目的終於達到了。

九點整，上山的吉普車準時開到我們的住處。這是一種專爲爬山而備的車子，司機左邊可以坐一人，後面車廂裏兩邊各坐兩人，中間放行李。一刻鐘後，便到了山下。在這裏大約停了十多分鐘，又上來了六個人，加上我們一家三口和司機、助手，一共十一個人，還有一大堆東西，擠得連伸腳的地方也沒有，好在車開之後，大家的注意力都集中在風景上，忘記了擁擠的辛苦。

這是一條彎彎曲曲的上山馬路，依據地勢而築，有時左斜，有時右傾。路很陡，如果步行，相信一定非常吃力；可是，司機駕輕就熟，他一點也不吃力地迅速轉動他的駕駛盤。我坐在旁邊，眞有戰戰兢兢之感。

整整地半小時，車子一直在深山裏迤邐而上，馬達發出連續的吼聲，兩邊的森林、溪澗，熱帶的奇花異草，便在天然的電影中，一幕幕消逝，一幕幕展開。野花的芬芳，一陣陣由風中送來，愈往上爬，氣候愈涼，風景也愈美。

太平山上的招待所一共有三處，我們住的恰好介於中間。由山下到這裏，據說是二千五百英尺。

一會兒，烏雲密佈，突然下起大雨來了。一陣緊似一陣，雨也越下越大了，只見太陽沉沒在霧海裏。侍者忙將窗戶關上，房子裏頓時暗淡下來。

一會兒，雨停了。午飯後，休息了一會，就去外面散步。這裏的附近一帶，由園丁按照不同的地形，開闢爲花圃，有方形、長方形、圓形、三角形等。花的種類雖然不多，卻迎風含笑，開得很燦爛。經雨水洗過的山巒，特別現出青翠。花瓣兒上面的水珠，是那麼晶瑩、美麗。一草一木，都現出欣欣向榮的樣子。

雲　海

在山上看雲海，我已經有多次經驗了；每次都有不同的奇景發現；可是，像這次雲海湧進房間裏來，我生平還是第一次遇到。

起初我們倚在窗口看雲海，一會兒白雲飄飄，一會兒風起雲湧，一團團的白霧，像海潮似的向我們撲來；突然天色由淺灰變成深灰，由深灰變爲黯淡，正在我們感到奇冷，空氣中有一種濕重的壓力向我們襲來的時候，那不可抗拒的濃霧，居然從窗口衝進來，使我們本能地把窗戶關閉，彷彿在抵抗一羣侵害我們的敵人。

「這情景，完全像倫敦的白霧一般。」一位同住的萊莉小姐高興地說：「倫敦的霧，是世界有名的，有時我們看電影，忽然銀幕上什麼也沒有，只看見白色的霧，光聽到對白，看不見人像，也怪有趣的。」

她的話剛說完，霧又散開了。我們重新打開窗戶，那一朵一朵的霧花，有的向上飛翔，有的往下低沉，那輕飄瀟灑的姿態，宛如仙女散下的輕紗。

「美，眞美！我自從看雲海以來，沒有像這次一樣看見它變化得這麼快，花樣這麼多的！」我像在自言自語，又像在對莉莉說。

吃過了一頓豐富的晚餐之後，侍者便開始在壁爐裏用木塊燒起火來，柴是濕的，要很久的時間才能燃燒，如果不撥動，不久又熄滅了。

山上眞冷，我們都加上了薄薄的羊毛衫，還有衣單之感，那怕是很小的隔縫，也有颼颼的風吹進來。

尼加拉瀑布

大約是二十多年前，看到一篇描寫尼加拉瀑布的文章，我就想到，如果能去美國，有兩個目的地必須達到，一個是遊狄斯耐樂園，一個是看名震全球的尼加拉瀑布；果然，這兩個目的都達到了，照理應該滿足了吧？可是人的欲望是無窮的，我還想遊黃石公園，和賭城呢！

尼加拉瀑布在美國與加拿大交界的地方，當中只隔一條橋，據說瀑布發源於加拿大東北聖勞倫斯河，流到尼加拉瓜平原的削壁上，水聲隆隆，一瀉千里，眞是壯觀！

橫跨在美、加邊境的，叫做馬蹄瀑布，流在美國部份的有日光瀑布，和新娘面紗瀑布。還沒有看見瀑布的眞面目，就聽到像萬馬奔騰的洪大聲音，等到走近欄杆時，忽覺細雨飄飄，全身盡濕，以爲是天在下雨，看到許多遊客都在買罩髮帽，我後悔沒帶傘來，秀娘連忙告訴我，並沒有下雨，這是飛瀑，我們只要站遠一點，就不會淋濕了；可是我只想走近幾步，以便看得清楚一點。這時的遊客越聚越多，原來已到開放探照燈的時候了。有四十億支燭光彩色的探照燈，美、加遙遙相對，同時發射，照得那瀑布紅的鮮紅，綠的碧綠，黃的金黃，眞像佛經裏面所描寫的極樂世界，看得人人眼花撩亂，大聲歡呼。這奇幻壯麗、變化萬千的美景，這驚天動地、令人心悸的水聲，眞是平生第一次欣賞，心裏充滿了新奇、興奮的感覺。

「媽，不要看得太久，會受涼的，今晚我們住在附近，明天再來玩。」輝兒說。於是我們回到家庭旅店，主人是兩老夫妻，有三間房子出租，我們租了兩間，按照人口計算，每人兩元五，還算很便宜。

第二天，吃了早點，馬上去看瀑布，昨晚的彩虹不見了，那從削壁下傾瀉下來的滾滾銀白色洪流，是那麼氣勢雄偉，怒濤澎湃。這樣欣賞了二十來分鐘，還不滿足，於是乘電梯下去，買票上船，駛到大瀑布下面去探險。

這裏的險，並不是形容詞，而是眞的事實：你如果到博物館去，可以看到一些記載，犧牲在這裏的人，不知道有多少；有人把自己關在一隻大汽油桶內，由瀑布滾下來，自然是粉身碎骨；還有人駕一條小艇由瀑布上游傾瀉而下，人船俱毀；最殘忍的死，莫過於從美、加河上架一鋼絲，人由鋼絲上走過去，使每個觀衆看得心驚膽戰，瞠目結舌，正在大家替他的安全躭憂的時候，那個走鋼絲的人卻已滾下瀑布，無影無踪；於是政府立刻下令禁止，從此看不見這殘忍的表演，也挽救了不少生命。

到瀑布下面去玩的船，只有兩條，來回行駛，每船限定只搭三十位乘客，要穿上船上預備的黑色連帽的橡皮衣，往返須半小時。船一開動，不論男女老幼，大家都不願意坐在艙裏，而喜歡站到甲板上來看風景。這時水珠像大風雹似的撲面而來，射得人人都睜不開眼睛。船的名字，叫做「霧中少女」；可是她一點也不溫柔，像一個衝鋒的戰士，向瀑布下面勇敢地衝去，在船左右上下不住地衝激、搖擺的時候，大家都驚叫起來，這種又痛快、又驚險、又刺激的新鮮玩藝兒，誰都是第一次經驗。儘管穿了雨衣，可是仍然被雨打濕了頭髮和衣服。

我們回到躉船上，脫下雨衣，馬上就有第二批觀光客穿上，又像我們一樣去嘗那驚險、刺激的滋味。

百貨店裏的紀念品琳瑯滿目，差不多每一件都吸引人買；但當我反過底來一看，幾乎都是日本製造，就不想要了。

住在瀑布附近的人說，到了冬天，如果遇到特別寒冷的時候，瀑布結了冰，那一片水晶琉璃，亮晃晃地映照在彩虹電光之下，才更美呢！

在瀑布的附近有博物館、水族館，看海豚表演跳高、吃魚，也是件很有趣味的事；還有紐約州立公園、乃安大略省立公園，有時間的話，都可以去遊覽一番，包你會感覺輕鬆愉快。

六四、三、廿六於金山

世外桃源——夏威夷

夏威夷，這響亮的、美麗的名字，正像我國的西湖，沒有去過的人，日夜嚮往，去過的人，捨不得離開；夏威夷，歐胡島（Oahu）上的檀香山城（Honolulu）充滿了詩意，充滿了人情味，令人永遠難忘！

夏威夷的歷史

夏威夷建國的歷史並不久，當一七七八年英國的船長柯克（Captain James Cook）發現這海中的綠洲，世外桃源時，已經有玻里尼西亞土人住在這裏了，他們爲數不少，大約有二、三十萬，過着捕魚爲生的自由快樂生活。最早還沒有發明用棉和蔴織成布的時候，他們不論男女，都是用樹葉遮住下體，上身裸露，有名的草裙舞（他們叫做呼拉舞）從最早的時候就有了。

第二個來到這島上的，是法國人 La Peronse，時在一七八六年，他看到這裏的風景幽美，富於人情味，就住下來了；美國人來得較遲，至一八二〇年才有人來此做生意。夏威夷第一個皇帝，是卡密哈密哈（Kamehameha），時在一八一六年，他頭上戴着像雄鷄冠的帽子，那是用鳥的羽毛做成的，身上披着大紅披風，也是用鳥羽鑲成的，皇后的衣服長及腳踝，這是有名的姆姆（Muu Muu）裝，一直到今天，夏威夷街上最流行這種服裝，在飛機場、夜總會、以及各種應酬場合中，你都可以看到寬大、柔軟、長長，走起路來，飄然若仙的「姆姆」禮服，穿在少女或中年、老年人的身上，是那麼瀟灑，那麼令人感到舒適。

我們不要小看了這「姆姆」裝，它是有來歷的：

據說在十九世紀的時候，英國的女傳教士來到夏威夷，她看見這些赤身女人太不雅觀，於是教她們縫衣服穿，以英國古老的禮服做樣子，長腰身，下擺寬大，走起路來，飄逸瀟灑，搖曳生姿。當她們縫製衣服的時候，機器發出「姆姆姆姆」的響聲，於是土人就叫這種服裝爲「姆姆」；不過時至今日，樣式改變了許多，例如坦胸、露領、無袖、緊腰；只有長度未改。

這裏的人，特別重視傳統，頭上頂着花環，脖子上掛着花環，也是從土人有皇帝的時候開始；還有「阿樂——哈」（Aloha）這句祝福的話，包含的意思可不少。例如：「我愛你」、「你好」、「早安」、「晚安」、「再見」、「歡迎」……都可以說「阿樂——哈」，連開會致詞，先要說聲「阿樂——哈」，然後再說「諸位女士，諸位先生。」

夏威夷的特色

夏威夷不但是世界有名的觀光勝地之一，而且是全世界民族大結合的場所。在這裏，絕對沒有種族的歧視；更沒有白人黑人的糾紛。自從一九五九年三月十二日，夏威夷成爲美國第五十州之後，表面上好像和美國大陸的生活差不多，其實有很大的區別；最顯著的，是這裏的生活程度較任何一州要高（還有人說爲全世界之冠），因爲本島除了出產蔗糖、鳳梨、香蕉、木瓜之外，如蘋果、梨子、葡萄之類，都由美國大陸飛機運來。主要的是這裏的居民並不多，一共不過八十多萬，其中純夏威夷民族，只有五千多，而來此觀光的流動旅客，每年有兩百多萬，生活自然就提高了。

我國在這裏的華僑（包括來自大陸、臺灣，以及土生的）共有四萬多人。第一批華人來此種植甘蔗，是在一八五三年，種稻也是我們中國人敎給此地居民的；夏威夷的最高學府——夏威夷大學的發起人裏面有中國人；更値得特別介紹的是，我們偉大的　國父孫中山先生於一八七九年（清光緒五年）第一次來到夏威夷（那時叫做檀香山）肄業於意奧蘭尼學校

(Iolani College) 一八八二年畢業，一八九四年（光緒二十年）國父第二次來檀香山，創立興中會，此後又接連來過三次；因此，夏威夷可說是中華民國革命的發源地，所以我們來到這裏，有一種特別親切之感。

現在僑居在這裏的人數，最多的是日本人，其次是中國人，第三為菲律賓人，第四韓國人；其他越南、英、法、美、西班牙、印度……各國都有人在這裏，有的經商，有的住家。因爲觀光客從世界各地源源而來，因此夏威夷的旅館特別多，可稱美國第二（第一旅館多的是紐約），特別是沿着瓦基基 (Waikiki) 海灘一帶，全是旅館和出售各國土產以及服裝店、大超級市場、銀行的所在。

這裏的生活是非常幽閒的，在機關、學校服務的，同樣一天工作八小時；但下班之後，他們有的去公園散步，有的去海裏游泳；尤其到了週末和星期天，更是他們沉醉於綠波的日子。抱着一塊像竹葉形的木板，或膠塑板，沉浮起伏於碧波之上，白色的浪花，有時吞沒了他們，你不要爲他着急，一會兒，他們又從白浪中站起來了。不論男女，都像凌波仙子似的那麼輕盈、活潑、健壯，他們像海神一般享受着自由自在、無拘無束的生活。

物價高昂、生活悠閒、海中游泳，構成了夏威夷生活的特色，還有服裝，也是値得介紹的。

服裝

記不清從多少年前開始，男人穿着一件短袖、反領的襯衫，不打領帶，大家叫做夏威夷衫，這裏叫做阿樂哈衫（Aloha Shirt），普遍流行於世界各地。這裏的男人，也像女人一樣，穿着大紅大綠，各種大花的阿樂哈衫，女人有的穿姆姆，有的穿西裝，有的穿迷你裙、熱褲、嬉皮裝，只要你高興，什麼都可以穿，絕對沒有人干涉你、恥笑你；如果躺在柔軟的海灘上，更自由了，男人一條短褲，女人穿着三點，即使她跑去動物園、水族館遊覽參觀（動物園免費，水族館門票兩毛五一人，兒童半價。），也沒有人覺得奇怪，因爲已經司空見慣了。

中國人在這裏的，年老的一代，仍然穿着「唐裝」，男人穿短衫長褲，女人外出大都穿旗袍，年輕女性也有穿姆姆裝和西服的。

打赤腳，成了夏威夷特色之一，只要不是參加宴會，不是上課，你儘可光着腳大搖大擺地在大街小巷走，絕不會有人注意你的。

夏威夷，有四時不凋的樹木，更有四時燦爛的鮮花。女人的衣服，有特別鮮艷的各種顯明的花樣，八、九十歲的老人，不論男女，都可以穿着大紅大花的衣服招搖過市。夏威夷可說是世界人種的博覽會，有許多有錢的人是爲避寒而來。初到這裏的旅客，都不願意把套在脖子上的花環取下，深紅、菊紅、粉紅和白的、藍的、綠的花環，配着花花綠綠的衣服，五色繽紛，艷麗極了。

氣候

夏威夷眞是得天獨厚，四季溫暖如春，每天平均氣候，在華氏七、八十度之間，二月至三月是雨季，有時一連下雨兩三天；但並不是日夜下個不停，而是有時停、有時下；雨天過後，又要晴幾天。夏季的雨更有趣了，因爲是陣雨，最多下一小時，就會打住，所以此地的人不叫下雨，而叫做下鳳梨汁（Pineapple Juice），意思是說這樣的雨像甘露下降，異常舒服的。

夏威夷的藍天像碧海，白雲像海裏的浪濤，草地像綠茸茸的地毯，到處都長滿了常綠樹，到處開放着幽香撲鼻的鮮花。記得二月初，我在舊金山的時候，房子裏開着暖氣，出門要穿大衣；來到這裏，一下飛機，就感覺熱，晚上蓋夾被，還要打開窗戶通空氣；白天穿夏天的短袖衣，那些年輕的小夥子，打着赤膊，還滿頭大汗呢！

夏威夷沒有狂風暴雨的時候，更沒有寒流颱風，有時中午在太陽下面走，會曬得臉紅紅地像熟透了的蘋果；但當一陣陣海風吹來的時候，頓時暑氣全消，只覺得舒適、涼爽。

夏威夷，有時又叫檀香山，或者火奴魯魯，是美國第五十州的總稱，它的別名叫做阿樂哈州（Aloha State）是由下面八個島組成的，它們的名字是：（按照面積大小而排列）Hawaii, Maui, Oahu, Kauai, Molokai, Lanii, Niihau, Kohoolawe.

在這八個島裏面，面積最大的是夏威夷島，也是唯一的活火山，隨時會噴射血紅的溶液出來。冬天，山頂上積着皚皚的白雪；南北和中部都是火山區，不能住人，居民都集中在東西兩部。

Maui 島是牧場，爲養育牛羊最好的地方，許多退休的軍公人員，來到這裏從事畜牧工作。

第三大島就是 Oahu，廣東話叫做奧鴉湖，是夏威夷軍政文化商業的重心，火奴魯魯，只是一個區的名字，正像臺北的西門町，因爲商業繁盛，所以出名。

Kauai 有花園島之稱，出產各種顏色的美麗蘭花（馬來亞叫做胡姬）銷行世界，獲利不少。

Molokai 是漁人的樂園，出產各種供人欣賞的熱帶魚，以及可吃的各種美味魚類。

其他三個小島，出產甘蔗、鳳梨，是農民的天下。

夏威夷，本來只是一個大島的名字，現在用來做八個島的總稱，至於爲什麼又叫做檀香山呢？據說是因爲出產很多檀香的緣故。

飲食

吃在夏威夷，眞是五花八門，什麼飯館都有：英、美、德、法、西班牙的西餐，韓國菜、日本料理、中國飯館（包括廣東、上海、北平、四川……）應有盡有。許多大旅館都設有餐館，可以小吃，也可以大宴賓客；最方便的是自助餐，除了素菜、葷菜、沙拉生菜、甜點心之外，還有麵包、炒麵、米飯，不論西方東方的旅客，都可飽餐一頓，大快朶頤。收費有貴至三、四元，也有便宜的，只要壹元半，包括咖啡罐頭水果在內（小費免收）。普通都是中午價廉，晚上要貴一倍多。

因爲氣候的關係，夏威夷的冷飲店生意特別好，我們房子的前面，有一家吉美冰淇淋店，一到下午三、四點鐘的時候，買冰類飲料的要排隊才能得到；好在它的停車場大，一、二十輛汽車是可以容納的。

在美國吃冰淇淋，可說是一種享受，送進嘴裏，滑溜溜地，又軟又細，一下就滾進了喉管；而夏威夷的冰淇淋，似乎特別香甜，那次廖大嫂來，咪咪帶我們逛夜市，她指給我看那條長龍陣，我問她：「這些人在幹什麼？」

「排隊買冰淇淋呀！」

居住

誰都說：夏威夷，眞是個住家的好地方！

眞的，光就我住的 Kanaina Ave. 來說，東面是鑽石山，西面是太平洋，附近有動物園、水族館、玫瑰花園、夏威夷大學、公園……有山有水，滿眼綠樹紅花，使人感覺，這眞是一片人間樂土、世外桃源。常聽朋友說，夏威夷什麼都好，只是生活程度太高，不容易找到工作。的確，夏威夷也有少數失業的人；可是我來了兩個月，還沒有看見乞丐，也沒有看見穿着衣服襤褸的人。

這裏因爲近海的緣故，空氣特別新鮮，街道比任何大都市的都要清潔，城市中沒有工廠，因此沒有空氣污染的問題。

有些美國的大都市，像紐約、華盛頓D.C.芝加哥、洛杉磯……都是商業區域，不適宜住家；而夏威夷因爲是舉世聞名的觀光區，所以商業特別發達；同時宜於住家、辦學校。老年人來此，希望一輩子住在這裏，享受他們有限的晚年；新婚夫婦更願意選擇這裏做他們歡度蜜月的最好去處。

安靜、和平、人情味濃厚、沒有紛爭，這是使在夏威夷住久了的人，不願離開的最大原因。

「有海在誘惑他們，環境太舒服，會不會影響學生的上進呢？」有次當我參觀完了夏威夷大學的圖書館時，這樣問涂經詒教授。

「不一定。用功的學生，整天在圖書館、實驗室忙個不停；不用功的，下了課就去海邊玩水去了。」

「我是相信環境越苦，越能造就人才，生活太舒服，會消磨志氣的。」

涂教授也同意我的看法。

旅館

假如你想來夏威夷觀光，住兩三天就走，雖然住貴一點的旅館，也沒有多大關係；你若想住一月、兩月，那就非早託朋友替你打聽之後，先預訂廉價房間不可。

夏威夷的旅館，有便宜的一天由五元至三十五元，也有最貴的由十五元一天到二百五十元一天，這是指 Kahala Hilton Hotel 而言。那二百五十元一間的，多半是招待從國外來的元首，例如總統、皇帝之類，有套房、客廳，佈置富麗堂皇。私人車子開進大門，立刻有侍者來為你開門，給你一個號碼，他來替你找停車的地方，走時給櫃臺看號碼，繳兩塊錢，一會兒，車子開來了，請你上去。平時一個招呼汽車的侍者，每天收入至少一百多元，遇到有舞會或其他的集會（例如大學、高中畢業生借此開聯歡會等）時，收入加倍。

島的東西南北，都是旅館的所在；但每年兩百多萬的遊客，大部份都樂於住在半哩寬、兩哩半長的瓦基基（Waikiki）的海灘旁邊。這一帶三十多家觀光飯店，日夜點綴着音樂、鮮花，和比基尼女郎。在旅館和旅館之間，是那無數的公寓、別墅、商店、飯館、劇場、公園、旅行社和高聳挺直的棕櫚樹。

Sheraton Hotel 和 Hilton Hotel 這兩家「旅館團」，幾乎在世界各地，都有他們的分號，在火奴魯魯的 Sheraton 共有五家：

1. Rozal Hawaii —— 是這裏最出色的旅館，唯一的粉紅色的建築很能吸引人，建於一九二七年，一小部份仍舊保留着一八七〇年時 Kamehameha 皇帝用它做他的別墅時的風味。

2. Moana Hotel —— 是最老的觀光飯店。

3. Sheraton Waikiki —— 是這裏最大、最高、最新的旅館，共三十一層，有一千八百個房間，會議室可容三千五百人，一般重大宴會都在此舉行，一九七一年夏天完工。有一部屋外電梯，日夜開個不停，旅客可以隨時乘梯瞭望遠景。

4. Surfrider。

5. Princess Kaiulani——以上兩家，價錢都很公道。

此外，Hilton 有兩家：

Kahala Hilton——氣氛高貴，價錢也最貴。

Hilton Hawaii Village——像個鄉村別墅，佔地最廣，也最熱鬧。

交通

夏威夷和美國大陸以及與本省各島的交通，只有飛機和輪船。從機場、碼頭到旅館有 Central Pacific 的直升飛機服務旅客，計程車隨叫隨到；公共汽車從早上六點到晚上十二點，每十分鐘一班，那怕一個乘客也沒有，仍然照常開行。市內普通票價兩毛五、學生兩毛、兒童一毛。上車時，自己用硬幣丟進錢盒裏，沒有硬幣的，可向司機兌換；如有要換車的，可向司機索一張紙，無須買兩次票。還有一件好事，巴士優待老人，滿了六十歲，不論男女，可向政府要一張證明，永遠免費乘車。

一般初來的旅客，可向四家巴士公司索取公共汽車路線的地圖，看圖乘車，非常方便。

各旅行社都有導遊包車爲旅客服務；假如你會開車，更方便了，到處都有租車服務站，價錢起碼五元一天，其他十五元、二十元不等，車子的種類有甲蟲車、吉普、馬士坦、卡特來克，任你挑選。

導遊的人，一天五元至十五元不等，包括中飯或晚飯在內。導遊價錢的多少，沒有固定的，須視參觀地點的遠近而定。

住家的人，每家平均至少有一輛汽車，也有多至三、四輛的。政府認爲這是一種浪費，而且造成交通擁擠，提倡汽車節約，要開始調查，每家只許有一輛車，不過命令還沒有公布，能否行得通，是個大問題。

其實夏威夷的汽車，並不算太多，卽使遇到上、下班，學校放學的時候，也不會讓你在馬路上呆等十多分鐘，也許因爲這裏的人有禮讓的良好道德，所以車禍少到幾乎沒有的地步。

觀光地區

1.珍珠港（Pearl Harbor）——一九四一年十一月七日的清晨，日軍偸襲珍珠港，把

Arizona號戰艦炸沉，當時炸死美軍官兵兩千三百四十一人，受傷的一千一百四十三人。美軍在港口海中，建有船形紀念亭一座，裏面有各種照相說明，所有傷亡將士的名單，刻在壁上，經常有人去獻花環，以表哀思。

在紀念亭的旁邊，有許多炸毀的遺跡，使人看了觸景傷情，有無限感慨，誰都搖頭嘆息，認爲戰爭實在太殘酷了！

2.皇宮（Palace）——裏面陳列雖很簡單，但也値得一看，對面有衆議院會議廳和一位爲痲瘋病人而犧牲的神父銅像。

3.海上公園（Sea Life Park）——可以看到海底各種美麗魚類的生活和海豚、鯨魚的表演，牠們能跳舞、跳圈、跳繩、說阿樂——哈。

4.天堂公園（Paradise Park）——有世界各地的珍貴鳥類，特別是鸚鵡很多，牠可以站在你的頭上、手上和你拍照，也可以把你的耳環、手錶、戒指啄下來，使你花容失色。經過訓練後的鸚鵡，能夠升旗、算加法、溜冰、打水、乘火箭上天空，然後乘降落傘下來，在鋼絲上騎自行車……。

5.動物園（Honolulu Zoo）——這是美國佔地最大的動物園，因爲樹木花草特別多，這些飛禽走獸彷彿在森林中生活一樣，數不盡的鴿子和小鳥，只要你帶些麵包來餵牠吃，牠們會和你一起玩得很快樂。

動物園外，是一個大公園，每逢星期日，從早晨八點到下午五點，有世界各地的畫家帶了他們的得意作品，來這裏展覽、出售。旁邊有一個小廣場，三面有看臺，每逢星期二上午九點半至十點半，有夏威夷舞表演，供遊客欣賞，不收門票，還可免費教你跳呼拉舞。

6.水族館（Quarium）——這裏的熱帶魚和各種貝殼特別多。

7.博物館（Bishop Museum）——從夏威夷最原始的土人生活，到太空上月球爲止，每個時代都有用具展覽，中、韓、日、菲各國的文物也有很多展出。

8.玫瑰花園（Rose Garden）——這是一家私人花園，不收門票。裏面有各地方不同顏色、不同花瓣的玫瑰花，有許多是別人贈送的，都有牌子說明。

9.瓦基基海濱公園——其實這裏的海邊，到處有淺黃色的沙灘可以供你游泳休息；但此處特別不同的，有各式水板出租，還有人教你如何滑水。

10.夏威夷大學——這是夏威夷唯一的、規模最大的學府，有男女學生三萬多人，後面有人工佈置的小溪流水，樹木葱籠，風景優美。

此外，中國的佛教大廟大雄寶殿、鑽石山、國家公墓等都可去遊覽參觀。

11.中國公園，在飛機場內，有 國父銅像和魚池、小亭。

以上算是把夏威夷的風光，簡略地介紹完了，最後我要特別一提花環。

這些五色繽紛的花環，有用鮮花串成的，也有紙花、塑膠花、用鷄毛做的花，還有用糖串成的，它的來歷是最早土人來此，頭上頂着小花環，頸上掛着大花環，以爲裝飾，時至今日，已經成爲代表夏威夷的標誌了。

參觀環球影城

到洛杉磯去，至少也在六次以上，狄斯耐樂園已經遊過三次了；可是好萊塢環球影城始終沒有機會去；原因是朋友們都忙，他們沒有時間陪我去玩一天；還有人根本反對我去。他說：「看電影是快樂的、享受的，假如你看了他們那些假的道具，看起電影來，在心理的感覺上，就要大打折扣了。」

雖然我過去在北平，有好幾次機會參觀拍攝電影，來臺後，最早由李影先生主演吳鳳殺身成仁的「阿里山風雲」，因爲小兒文湘和小女莉莉也參加小學生鏡頭演出，所以有好幾天我都在攝影棚裏參觀，那些假的樹木、花草，臨時搭的房屋，當時一點也引不起好感；可是等到入了鏡頭，上了銀幕，就大不相同，這就是藝術的偉大和巧妙。

參觀好萊塢影城的機會來了，臺灣來了一個旅行團，秋美來金山邀我去洛杉磯玩，當我知道她們的節目裏面有參觀影城時，我滿口答應了。

一九七六年十一月十四號，是星期日，九點多鐘在好萊塢大道上，靜悄悄地，只有我們的遊覽車，停在中國戲院的門口。這裏我已經來過三次，卻從未進去看過，因爲只有電影放映時間，才能一窺內部眞相，平時大門緊鎖，只能在外面看看那些大名鼎鼎的電影明星的手印和足跡；還有他們每個不同的簽名式，也有寫一兩句話和年、月、日的。一個外國老頭，撐着一把小小的洋傘，已經在開始做他的攝影生意了。這種幾分鐘之內，就可取件的玩藝兒，雖然明知不好，不能維持長久，過了相當時候，就會由變黃而進到無影無跡；但仍然有那些沒有照相機的人去送錢、去上當。

在好萊塢大道上，有一千三百多個位置準備給四種明星的名字刻在那裏，永留紀念的，這就是電影、電視、廣播、唱片四類傑出的男女明星。他們已經有很多的明星名字，在任人踐踏了。據說能夠把名字刻在馬路上，不是一件簡單的事；選拔的經過，是很嚴格的，一定要經過審查委員會的委員們，三分之二以上投票選舉通過之後才有效。

魔鬼來歡迎我們

十點，我們到了好萊塢影城。這是號稱世界最大的電影攝影場，經常開放的有環球電影製片廠、NBC製片廠、二十世紀製片廠。影城開放的時間，夏季由上午十點至晚上十二點，冬季由上午十點到下午五點。我們這時去參觀，最多只能到五點為止。

購了門票，他們知道我們是團體參觀，所以有一節車箱是屬於我們的，每一列車共分四節，每節可坐二十五人至三十人。

大家都坐好了，準備要開車的時候，突然從前面走來一個化裝成魔鬼的巨人，他的嘴角印着鮮紅的血痕，我們當然知道這是用紅色塗上的；而有些小朋友以為是眞的血跡，竟嚇得大叫起來。這是進好萊塢影城，看到的第一個噱頭。當那魔鬼伸出巨掌來，和我們坐在窗前那排訪客握手的時候，誰都往右邊閃躲，不敢正視他；可是他仍然說着「歡迎！歡迎！」的話。

下了車，走不多遠，突然我大叫起來：

「糟糕，我的手杖丟了！」

「是在什麼地方丟的？」秋美問我。

「忘記在車上。」

我着急得不知如何是好。

「沒有關係，我去找他們的事務所，一定會給您找回來的。」

負責洛杉磯導遊的鄭永敏先生說。

「眞的可能嗎？」我懷疑地問。

「一定找到的，這裏經常有旅客丟東西，例如雨傘、旅行袋、手提包、照相機之類，經過事務處幾個電話連絡，就會物歸原主的。」

鄭先生的話，等於給我吞下一顆定心丸；可是我仍然在懷疑，我想今天是陰雨天，假若手杖找不回來，而這裏又沒有地方可以買到，我要是走路不小心，再來一次滑倒，又斷一次腿，我這一輩子豈不完蛋了嗎？

這麼一想，我的遊與打了個大大的折扣。

明星的化裝室

明星的化裝室，在好萊塢，至少有三等：第一等化裝室，等於這位大牌明星的家，除了化裝室外，還有厨房、餐廳、書房、休息室、浴室厠所、客廳；每間房裏都佈置得富麗堂皇，應有盡有；當然，這些佈景，都可以利用它拍室內鏡頭的。

第二等化裝室，房間比較小，佈置也不如一等的華麗；第三等就是幾個人共用的化裝室。因爲時間的關係，今天我們所參觀的只有露西的化裝室，和輪椅神探中的男主角的化裝室。對於前者，在「我愛露西」的連續劇中，我相信臺灣的讀者，一定不會陌生。

當我們參觀露西的厨房時，擺在玻璃橱裏的那些銀質餐具，以及咖啡、水果，喝的、吃的樣樣齊全，我們可以想像到，他們拍完幾個鏡頭之後，來到這裏，就可以像在家裏的一樣痛痛快快地享受一番。

從這裏出來，又坐上車子，開到了一處山路崎嶇的地方；忽然聽到一陣山崩地裂的聲音，從山上滾下來許多石頭，有些人還以為是眞的地震，嚇得心驚膽戰，原來石頭是海綿做的，怪不得是那麼輕飄飄地滾得特別快。

好萊塢一共有三十五個大攝影棚，為了迷信，沒有十三；有五百多萬件道具，每件都有詳細的目錄，標明用途及放置處所。我們從車子裏，看到各種牆壁，各種不同時代，不同國家的房子，自然裏面都是空的。」

「請大家注意，這是拍『麥克阿瑟傳』韓戰中的一幕，這些帳篷，都是當時美國兵住的地方。」

鄭先生說時，車子已開到「假」的海邊。

鯊魚咬人

一隻小船，浮在一個水池上面，有個老漁翁在那裏垂釣，猛不防從水裏竄出一條大鯊魚，撲通一聲船翻了，老頭掉下水了，只聽到「呵呀！」「呵呀！」的驚嘆聲，其實老頭和鯊魚都是假的，池代表海；可是道具逼眞、表演逼眞，在銀幕上現出來的就成爲眞的海、眞的漁人、眞的鯊魚了。

剛才看到的鯊魚，突然又出現在我們的車窗外面；而且張開大嘴差一點咬住一個小孩垂在窗外的小手，嚇得他大哭起來，她的媽媽連忙緊緊地抱住她，告訴她：「寶貝，不要哭，牠是假的，牠是假的。」

「糟糕，橋斷了，怎麼辦？」有人在驚叫，我的坐位近在窗口，心裏也在嘀咕，以爲這條木橋，經不起車子的重量，所以壓斷了，原來又是在表演。車子的一半掉在水裏，現在又自動浮起來，開向前行。

又是一個水壩，車子開去，忽然水斷了，一點不流，像用刀切斷似的，這就是拍攝「十誡」裏面的耶穌把海水分爲二的方法。這一切表演，都是用電在操縱。

「這些玩藝兒眞值得一看。」一位第一次來美觀光的林先生說。

「的確，看這些假道具、假表演，非常好玩；不過等我們看電影時，就知道什麼是假的佈景，什麼是眞的景物，那時對電影的興趣，就要降低了。」我回答他。

在假的道具和假的風景裏面，也參些眞的，例如潛水艇在海裏突然出現時，那幾隻眞鴨子一點也不驚慌，仍然在悠閒自得地游來游去，也許這就是他們司空見慣的原故。

恐怖！恐怖！死人從棺材裏出來了！

現在我們來到環球公司的攝影場，一走進去，光線暗暗的。牆上、空中佈滿了蜘蛛絲網，幾株假樹，立在牆邊，有的葉子枯黃，有的光禿禿地只剩枯枝；右邊放着一口棺材，有一扇門可通內室。這位方才正在說明拍攝恐怖片的演員，忽然把燈光一關，全場漆黑，一時雷聲隆隆，天上電光閃閃，門一開，人不見了，只聽轟隆一聲，從棺材裏跳出一個死屍來，嚇得幾個小孩，緊緊地抱着母親大聲哭叫，連我都不覺地打了一個寒噤。這種假戲眞做的表演，實令人佩服，主要是現場的氣氛、佈景、表演，都配合得恰到好處，使人看來由「很像眞的」，進而爲「簡直和眞的一模一樣」。

接着，我們又參觀了環球公司拍大地震，用鏡子歪曲，電鈕一按，整個房屋有的傾斜、有的倒塌，天崩地裂，完全像眞的地震一樣。

冰橋驚魂

現在我們的車子，駛上了冰橋，四處都佈滿了皚皚的白雪，前面是一條結着厚厚的一層冰的雪橋，每個人都在想，如果這是眞的冰橋，如何開過去？不開到懸岩絕壁下面才怪呢！

車子過橋了，我的老天，眞嚇死人！車子左右搖擺，經過一個結滿了冰塊的山洞，眼看着車子傾斜得馬上就要駛到山岩下面去了，正當車子震動得最厲害的一剎那，它卻平平安安地駛出了冰橋。

「這雪景，是屬於『驚魂記』裏面的一幕，曾得過世界影片的最佳獎。」鄭永敏先生說。

「眞的，太逼眞了！光只看這一景，就値回我們的門票了。」我說着，大家都笑了。

接着我們又看到了歐洲各國的房屋、城牆模型，英國、法國、羅馬、義大利……亞洲各國的房屋；特別是中國街的蓬萊酒店、花鼓飯店，外面掛着中國古老的燈籠，眞是古香古色，很像回到了中國大陸，令我有無限的感慨……。

你們是中國人嗎？

是吃午飯的時候了，於是所有的觀光客都集中在一處餐廳吃飯，有汽水、牛奶、炸鷄、炸洋芋片、漢堡牛肉出售。這時我們二十多人的午餐，都由秋美和李先生兩人送到各人的手裏。正在開始吃的時候，一個大約十一、二歲的小朋友，來到我的面前，用英語問：

「你們是中國人嗎？」

「是的，你呢？」我反問他。

「我也是中國人，你們從那裏來？」

「臺灣！」

「我們也是從臺灣來的。」

說完，他立刻走開，我正在奇怪他這一舉動，我的視線跟着他走近一羣中國人面前，聽不見他說什麼，只見一位大約四十多歲的太太，領着一羣青年男女跑來了。

「媽媽，她們都是從臺灣來的。」

小朋友指着我們很高興地說。

「你們眞是從臺灣來的嗎？」

孩子的媽媽問。

「當然是眞的，決不騙你。」我搶着回答。

「那你們會說臺灣話嗎？」

糟糕！這麼一來，我可啞口無言了。眞的太慚愧，在臺灣住了二十五年，只聽得懂少許臺灣話，卻不會說，太難爲情了！

「當然會。」

秋美和好幾位來自臺灣的訪客同時回答。

這時只聽到一片熟悉、清脆、悅耳的臺灣話聲，大家只顧閒話家常，忘了吃東西。詢問之下，原來這一家林姓六個兄弟姊妹，今天由母親率領來遊影城，他們來到美國已經五、六年了，林先生還在臺灣做事，沒有來美；他們一家都很想念臺灣，所以一看到中國人；尤其是由臺灣來的，特別高興，大有「君自故鄉來，應知故鄉事」之感；於是大家你一句、我一句地告訴他們有關臺灣各項進步的情況，他們聽得入神，忘記了開車時間，於是我一看錶，時間快到了，催促大家趕快吃。本來我想吃完飯，在假雪景那裏拍個相留紀念的，如今來不及了，只好匆匆地跟隨大家在雨後的滑路上小心地走着。

手杖找到了！看化裝表演去！

我眞不知道要怎樣感謝那幾位先生和小姐，他們自從接到事務所的電話後，就爲我尋找手杖，每一節車廂，都要經過她們的眼睛仔細搜查，終於找到，物歸原主。

這時我彷彿多了一條腿，我不再着急了，我一面連聲說着「謝謝」，一面心想：經過這次的疏忽，從此我該不會再忘記手杖了吧？

我們坐在看臺上，參觀化裝表演。

起初由觀衆裏面，找出一對自願表演的年輕夫婦來做模特兒，他們躺在椅子上，由兩位化裝師替他們戴假髮、做假鬍鬚、畫臉上的皺紋、染皮膚，眞正改頭換面；大約經過十多分鐘之後，化裝完成，他們兩人站在鏡子面前一照，不覺大爲驚訝，「怎麼我們都變成老頭老太婆了！」接着是他們的苦笑和觀衆們鼓掌的嘩笑。

這一對夫婦表演化裝完了之後，接着是一個長得相當英俊的男明星，表演小丑。使我們了解在這科學時代，化裝術是萬能的，老人可以變青年，少年可以變老人，這就是近年來美容術最發達，美容師最賺錢的一大原因。

動物表演

在我看來，動物表演，要比人表演有趣多了。

一九七五年拿到奬狀的鸚鵡表演求愛、接吻、喝酒、講電話、打噴嚏、咳嗽……每一個動作，無不唯妙唯肖。

輪到小狗表演了，牠也有一套引人鼓掌的技能，她會撒嬌，會生氣，會站起來鞠躬作揖；命他叫就叫，命他銜球，馬上跑進裏面，口裏銜着皮球出來；連老鼠也被訓練得會表演，爬到小孩的肩上去作揖；至於一條大白毛狗的戴帽子、戴奶罩，更使觀衆笑得前俯後仰肚子痛。

接着又換了一個看臺，有幾個人在表演西部武俠片中的打鬪鏡頭。平時我們看電影，明知一切酷刑、拷打、流血，都是假的；可是很少有機會看到他們表演的實況。

當他們兩人在打得激烈的時候，只聽到可怕劈哩拍拉的響聲，這都是由後臺做的效果！臉部、手上、腿上流血了，都是臨時做的假血。倘若要表演嘴裏流血，演員口裏，含着一個裝紅色汁的東西，到時一咬破，血就流出來了。

他們在「皇帝旅館」門口，打得頭破血流，槍聲劈拍劈拍，那場面緊張極了，可怕極了，孩子們以爲他們眞的在打鬪，直到看了方才在流血的人，現在笑嘻嘻地出來向觀衆鞠躬，大孩子們恍然大悟，原來方才他們是在表演。

雨，下得越來越大了，趁着我們在等待影城的車子，回到停車廣場去的時候，我和秋美爬進一輛馬車，丟進兩毛五分錢，按一下電鈕，於是馬車開動了，上下前後搖動起來，右邊的山巒、村莊、佈景，一幕幕地往後退，這就是電影的由來，此刻我和秋美都成了「假」明星。

三分鐘後，車和佈景都停止了，我們下來，又有大小四人上去，孩子們更加高興，感到新奇；還有一個小女孩，牽着母親的手，不住地央求：

「媽咪，我要去坐，你帶我去。」

「不！車子快來了！」

其實車子過了十多分鐘才來，我知道她是想節省那兩角五分。

歸途

這是大家都公認的事，鄭永敏先生不愧是一個很好的嚮導。他有豐富的經驗，常識足、口才好、記憶力強，每到一處，總要向大家介紹：這裏是希區考克的房子，這裏是露西的家。

「這些明星住的房子，比總統住的都貴、都豪華，每座由五十萬至百萬元不等；您看，沒有一座是相同的，而且連庭園佈置，和門外所種的樹木，都沒有兩家同樣的。

「一種最舒服而容易賺錢的職業，是替明星看房子，管吃、管住，一天淨賺二十五元。

這一帶的餐館，也貴得嚇人，有一家特別餐館，沒有菜單，當然也沒有價目，廚子今天做什麼，他就吃什麼，價錢每天不一樣，一個人吃一餐飯，也許五、六十元，也許七、八十元。」

鄭先生說完，有人問：

「中國人在這裏開餐館的多嗎？」

「很多，而且生意特別好。近幾年從臺灣來此開汽車旅館的不少，眞是生意興隆，每家有三十到六十個房間，天天客滿，都要預定。」

當車子開到「世紀大厦」時，鄭先生叫司機停車，請大家下來參觀一下這棟地下有六層樓，可以容納一萬輛汽車的停車場，和其他的商場、銀行、旅店。

於是除了我之外，大家都下車了。趁此機會，我和黑人司機談了一些話。他的名字叫做Billy Dilland，已經結婚，有兩男一女，都進了小學。每到一處，我們下去參觀，他就在車上讀小說。看來他是一個性情溫柔、沉默寡言的人。這天三餐，他都和我們同吃；於是我由他喜歡吃中國菜，問他喜不喜歡中國人，他說：

「我最喜歡和中國人交朋友，他們熱情、誠實，喜歡幫助別人。」

我聽了非常高興，這是他的眞心話。中國人的確有這許多優點，輕財仗義、以德報怨，路見不平，拔刀相助的古風，一直保留至今；可惜，最近兩三年來，中國城經常發現不良華畜青少年搶刼殺人的事，有失我們大中華的體面；據說這些人都是由大陸逃出來，經香港以難民身份申請來美的，實在太使國人痛心了！

天下沒有不散的筵席，明天，他們這個團體，就要經拉斯維加轉大峽谷、芝加哥去了，我因傷腿怕冷，第二天就要獨自返舊金山。

晚上，秋美來房間和我談到午夜，她這次太辛苦了，因爲是第一次負責旅行社，又因爲她懂得英、日、義各國語言；國語、閩南話、廣東話無一不精通，因此赴領事館簽證，去旅店、飯館訂房間、伙食，都要她親自出馬，我眼看着她晚上睡眠不足，白天吃不下東西，又累又忙，心裏眞難過！我替她躭心，長此下去，如何受得了！希望她將來仍然恢復音樂家的身分，站在藝術崗位上，像過去一樣高歌一曲，博得萬萬千千觀衆的掌聲，獲得無數青年男女的讚美。

秋美，好好努力吧，不要辜負了我的厚望！

六十六（一九七七）年一月五日於金山

紐約遊踪

有人說紐約是觀光勝地，但不適於久居；然而紐約人並不以爲然。他們日出而作，日入而息，儘管白天奔忙，到晚間七點以後，除了少數鬧區以外，街上行人稀疏，像平靜的湖水，沒有一點漣漪。

紐約的猶太人，比以色列的人口還要多，華人在人數上雖然不太多；但華埠人口的密度，卻是最高的。法裔人、義大利人、西班牙人和波多黎各人，也都有他們自己的生活園地。在日常生活上，完全像在各人的家鄉一樣，各管各的事，對於其他，完全不放在心上。

一百年以前，英國小說家狄更斯說過，紐約每天在更新，因爲就建築來說，僅僅幾星期不到的地方，會突然起了一座高樓。紐約人司空見慣，認爲這是當然，根本不注意這些事，大家生活在曼哈坦，面積祇有六十平方公里，高樓大厦像春筍豎立在那裏，一條一條的馬路，像山谷中的小溪，馬路上擠滿了汽車，慢慢蠕動；尤其在上下班的時候，往往坐車比走路還慢，祇有地下火車速度特別快，暢通無阻。一羣一羣的人，從地下冒出來，又爬上幾十層的大廈。每一個人祇顧奔向前程，誰也不理會誰，即或遇到朋友，也祇說一聲「嗨！」連雙音的「哈囉」都來不及講。

生活在紐約，第一要動作迅速，否則會被廻旋門打倒，會被自動啓閉的車門夾住，也會找不到餐館的座位，所以紐約人經常是跑步，並非走路。人生是戰場，在紐約纔證明這話是眞的。

但是在帝國大廈的走廊裏，大家卻整齊地排隊，默默地等待搭上電梯，也許觀光客纔是在紐約最悠閒的人。這一座共有一百零二層，高達一千四百七十二呎的大廈，過去它是世界最高的大樓；可是現在聳立在華爾街兩座一百一十層的世界貿易公司佔了上峯，它只好屈居第二了。

因爲帝國大廈的名氣太響亮，無論晴雨日夜，都有來自世界各地的遊客去參觀，每天從上午九點半開始，到午夜十二點，終年開放，設有高速電梯，供遊客上下。

在帝國大廈的第八十六層與一百零二層，各有一座眺望臺，四週全是玻璃窗，裝有空氣調節設備，冬暖夏涼，舒服極了。

大廈的底層休息室，都是用從義大利、法國、比利時及德國進口的大理石砌成，色調配合得異常美麗；第二層的「紐約導遊」，有市內各大博物院、教堂，以及著名大學的模型，供遊客免費參觀。

從大厦六層以上直達頂尖，是由印度運來的花崗石及石灰石造成，四週鑲以不銹鋼窗櫺，無論在陽光裏或月色下，遠望過去，閃閃發光，極爲壯觀。

大厦頂層，裝有全世界最強的電視天線，在三十層的地方，裝有亮達十二萬五千支燭光的水銀燈，這種特別設計的裝置，從黃昏開到午夜；可是並不破壞從大厦眺望臺上，遠看市內外的迷人夜景。

不論男女老幼，來到大厦的最高層，都會放眼遠視，如果你帶了望遠鏡，可以看到周圍一百廿公里以內的景物，鄰近各州如新澤西州和賓州，均入眼底。

因爲遊客擁擠的緣故，排隊等候搭乘電梯，往往在半小時以上，參觀大厦是要收費的，成人一塊五角、兒童半價。聽說大厦的原有主人，曾以七百六十萬元售與現在的主人，無疑義地，新主人已經是萬貫家財，這眞叫做沒有煙囪的工業。

觀光客最高興參觀自由神像。也許他們相信愛默生的名句：「如果沒有自由，耕種、航海、登陸、或者生活有什麼用？」遊覽自由神像島 (Statue of Liberty Island)，每小時都有船從曼哈坦開一次，夏季，遇到遊人多時，就半小時開一次。

遊船從哈德遜河第四十二街底碼頭啓椗，經過華爾街前的大西洋，而入東河，再經過哈林河，進入哈德遜河順流而下。當船將要抵達哈林河橋時，必須用汽笛大叫三聲，爲的是叫開那條由紐約去康州、麻省的鐵路橋，才能通過。

到達自由神像時，可以乘電梯上去，然後攀登螺旋樓梯到頂端，俯瞰遠近風光；又可以看到曼哈坦的整個輪廓，心胸開闊，舒適極了！

其實博物館裏纔有寶藏，光紐約市，頗具規模的博物館就有五十二處之多，我曾經參觀其中一個最大的博物院，裏面分爲藝術館、歷史館、科學館、動物館、植物館、通俗館、羅斯福紀念館、詩人紀念館……在自然科學館裏面，各種動物模型的背景，例如原始森林、藍天、碧海、沙漠地帶、無一處不引人入勝。

可是當我看到我國有許多珍貴的瓷器、字畫、古董陳列在這裏時，我非常驚訝！這些國寶雖然說不應當易主，但現在卻成了我們的文化大使，也可聊以自慰。

紐約的名記者貝克（L. C. Beck）曾寫過一本「紐約華埠」，他說最早來到紐約的華人，是一位茶商 Appo，那是在一八五〇年，菲爾摩就任總統的時代；另一位作家勞星(E. H. Lausing) 在他的「紐約的瀏覽」提到一八六一年有一位叫「亞根」的華人，在紐約勿街 (Mott Street) 開了一間華記雪茄煙店，這都是來紐約華人的開路先鋒。一九〇〇年以後，華人來紐約的一天比一天多。現在居留在紐約的華人人口，僅僅次於三藩市。

坐地下火車到運河街，就可以看到用中文正楷寫的「華埠」站牌。走上去不遠，就是華埠。街上的情景像廣州、香港。看到的是中文，聽到的是各種方言和國語歌曲。報攤上，擺的是中文書報，中華之聲、廣播電臺播送全部華語節目。每逢農曆初一和十五，勿街和運河街的佛寺都有法會，鐘聲磬音，繚繞空中，使人肅然起敬。萬一生病，這裏還有中醫師、中藥店、跌打傷科。當然，在這裏，最著名的還是飲茶、吃廣東菜、燒餅、油條、炒鱔糊、回鍋肉……在農曆新年，還有舞龍、舞獅、踩高蹺，在這種熱鬧環境中，誰還能說身在異國！

的確，一點也不像在外國，每逢週末或假日，許多紐約附近的中國朋友來華埠「辦貨」，買上一袋一袋的生力麵、花生、蘿蔔、豆腐，好回去享受幾個星期，這的確是一種享受，因爲一個中等大的蘿蔔就要一塊幾毛，一塊豆腐兩角五分，一小把瘦瘦韮菜，也要五、六角（一九七二年初時價）。和臺灣的青菜比起來，實在太貴了！

在「辦貨」的時候，很容易會遇到老朋友，大家既都有同好，自然會集中到華埠來。

美國第一大城——紐約

凡是到過紐約的人，都有一個共同的感覺：紐約城太大、太亂、太髒、汽車太多，近年來又加上一個治安不好。

汽車多，這是無法避免的，遇到上下班時，車子簡直無法移動，只能像蝸牛似的，慢慢地開。還有，紐約的高樓大厦太多，市內沒有空地，很少看到樹木花草，和舊金山、夏威夷、芝加哥等地比較起來，紐約實在顯得太擁擠，空氣太汚濁了。

翻開書本，看一看紐約的歷史，是令人驚訝的，三百五十多年的時間並不算長，可是它已成爲世界第一大都市，全世界的旅客、商人，都以來到紐約爲榮，它的吸引力是很大的，主要原因，它有許多值得一看的內容豐富的博物館以及商業價值。

一五二四年，第一位白人抵達紐約；一六○九年，有位名叫哈德遜（Henry Hudson）者，在荷蘭東印度公司服務，乘船抵達紐約，就在那裏定居下來，後人爲了紀念他，這條河，就叫做哈德遜河。

五年之後，建築了四家商店和一個村落。一六二六年明紐特（Peter Minuit）奉派為紐約總督，據說他花了二十四元，向印地安人買下曼哈坦島，後改為新阿姆斯當，原來是荷蘭的殖民地，一變而為英國屬地，為了紀念一位名叫約克的公爵，於是把這城市命名為紐約（New York），於一八八六年奉准設市。

紐約全市，佔地三百四十方英里，共轄五區，其中布洛克林（Brooklin）、曼哈坦（Manhattan）、力契曼（Richmond）、奎因斯（Queens）等四區為海島，僅布朗斯（Bronx）位於大陸，因為地質堅固，能建築一百多層的高樓，也不致傾斜，所以紐約有世界最好的島之稱。

從紐約港口進出的船隻，根據報上所載，每年約有二萬七千多艘；六個飛機場，兩個大的，是由荒地填起來的，甘乃廸機場是其中之一，每天來往的飛機，在一千次以上，幾乎每分鐘就有一架飛機起飛或降落。

至於馬路，有一百多里長，十四線寬的。全市人口大約在八百萬以上，有五十多種民族住在這裏，每天發行二十多種文字的報紙，其中紐約時報，日銷六十八萬多份。

美國獨立之後，第一屆國會就是在紐約舉行的，華盛頓就任第一任大總統（一七八三—

一七九〇）也在這裏。

根據紐約記者碧克(L. C. Beck)所著「紐約華埠」中說，最早來到紐約的華人，是一茶商，名叫 Quimbo Appo（這名字可能是廣東譯音）時在一八五〇年，大約在菲爾摩（Millard Fillmore）總統時期；又有一位作家洛盛（E.H.Lausing）在他的「紐約的瀏覽」一書中曾說：在一八六一年，有位華人名叫亞根的在紐約勿街(Mott Street)開了一家賣雪茄的烟舖，叫做華記。一九〇〇年後，華人來美的一天比一天多起來，現在居留在美的華僑，最多的以舊金山爲第一，其次就是紐約了。這是因爲一九七五年以後，舊金山的金鑛已經掘盡，華工受到白人排斥，於是就大量移民到紐約來，中國城之大，僅次於金山。

華僑在這裏，是非常活躍的，在文化方面，不但有小學、中學、大學，而且發行的報紙很多，最早的華僑日報，創刊於一九三九年，美洲日報（一九四四）、美華日報（一九五〇）、聯合日報（一九五二），此外還有中美週刊、生活週刊、大華旬刊等。

以上是十年前的情形，至於現在，報紙雜誌更多，幾乎有難以詳細統計的現象，銷路廣而普遍受到讀者歡迎的世界日報，更是不可一日或缺的精神食糧。

帝國大厦

帝國大厦，位於紐約市第五、六街，第三十四街，共有一百零二層，高達一千四百七十二呎，過去它是世界最高的大樓；可是現在聳立在華爾街的兩座一百一十層的世界貿易公司，佔了上峯，它只好屈居第二了。

因爲帝國大厦的名氣太大，太響亮了，無論晴雨日夜，都有成千成萬來自世界各地的遊客去參觀。每天從上午九點半開始，到午夜十二點止，終年開放，設有自動高速電梯，供遊客上下之用。

在帝國大厦的第八十六層與一百零二層，各有一座眺望臺，四周全是玻璃窗，裝有空氣調節設備，冬暖夏涼，舒服極了。

大厦的底層休息室，都是用從義大利、法國、德國及比利時進口的大理石砌成，顏色、形式配合得異常美麗，嘆爲觀止。

第二層的「紐約導遊」，有市內各大博物院、教堂以及著名大學的模型，供遊客免費參觀。

從大厦六層以上直達頂尖，是由印度運來的花崗石及石灰石造成，四周鑲以不銹鋼窗櫺，無論在陽光裏，或月色下，遠望過去，閃閃發亮，極爲壯觀。

大厦頂層，裝有全世界波音最長、最強的電視天線；在三十層的地方，裝有亮達十二萬五千支燭光的水銀燈，這種特別設計的裝置，從黃昏開到半夜；但並不破壞從大厦眺望上面，和遠看市內市外迷人的夜景。

所有的遊客，來到大厦的最高層，都會放眼遠視，欣賞居高臨下的一切風景；如果你帶了望遠鏡，可以看到周圍七、八十哩以內的景物，鄰近各州如紐澤西州、紐約州等均入眼底。

因爲遊客過於擁擠的關係，排隊乘電梯，往往在半小時以上，聽說大厦的原有主人，曾以七百六十萬美元，售於現代的主人，無疑義地，新主人早已是億萬家財的大亨了。

自由神像

凡是去紐約的觀光客，都要參觀一下自由神像。她的所在地，叫做自由神像島。去遊的船，每小時對開一次，在夏季，遇到遊人多時，就半小時開一次。

遊船從哈德遜河第四十二街底啓碇，經過華爾街前的大西洋，而入東河，再經過哈林河，進入哈德遜河順流而下。當船將要抵達哈林河橋時，必須用汽笛大叫三聲，爲的是叫開那條由紐約去康州、麻省的鐵路橋，才能通過。

哈林河的上面，也有一條兩層的大橋，那是溝通滿須屯的橋，此地華僑，譯爲「民鐵吾」，即紐約本市與布朗士的交通要道。橋的兩端爲百老滙路，上層爲地下道，下層爲汽車、卡車及人行道。沿着哈林河兩邊，有許多黑人住在那裏，因此黑人區又叫做哈林區。

到達自由神像時，可以乘電梯上去俯瞰遠近風光。

參觀博物館

美國的博物館，是很有名的，光是紐約市來說，就有五十二個之多，我曾經參觀三處，其中有一個規模最大的博物院，裏面分爲藝術館、歷史館、科學館、動物館、植物館、通俗館、羅斯福紀念館、詩人紀念館……在自然科學館裏面，各種動物標本，完全和活的動物一樣，最逼眞的是那些原始森林、藍天、白雲、碧海沙漠一帶，無一處不引人入勝，爲之神往。

可是當我看到我國有許多珍貴的瓷器、廟宇模型、字畫、古董，陳列在異國的博物館時，我就非常驚訝，難過；而且很傷心！

「爲什麼我們的古董都到了這裏？」

我問本汾。

「也許是八國聯軍打北京時搶刼來的，也許是我國的不肖子孫偸出來賣給他們的；還有，也許是私人收藏，賣給商人，再由商人轉賣給博物館的。」

本汾這樣回答我。

「我不知道這是一種什麼感情衝動，我的頭開始發暈，我不敢再看下去了。」

「老師，您不要難過，要知道他們義務地替我們國家宣揚偉大的中華文化，我們應該高興才對。」

「不錯，從好的方面着想，我們是應該高興的。」

我勉強點了點頭，拖着沉重的腳步，走出了博物館。

愛迪生的避寒山莊

「你們今天下午非回去不可嗎？」

吃早餐的時候，畢爾問文湘。

「是的，一定要回去，因爲明天早晨八點我就要上班。」

文湘表現出無限的歉意。

「那麼，你媽媽留在這裏，多住幾天，我送她回去。」

「不行，她後天要去洛杉磯，朋友會去機場接她，謝謝你的好意，有機會，我們還會再來的。」

「眞可惜，時間太匆促，許多好玩的地方，都來不及參觀。」

畢爾太太貝絲接著文湘的話說。

「什麼地方最好玩？」我問。

「最好玩，而又最有意義的是參觀愛廸生的避寒山莊。」末了畢爾又加上一句：「文湘是學化工的，一定更喜歡到那兒去。」

「我也喜歡。」

我的話，連兩位老太太都笑了。

九點出發，經過一處風景很美的地方，青青的草地，像鋪著翠綠色的天鵝絨地毯，白毛紅眼的兎子，在草上跳來跳去；很多斑鳩在高大的棕梠樹上追逐翺翔，使我想起臺北仁愛路上的大王椰子樹來；所不同的，是臺灣的馬路兩邊和安全島上太缺乏花了；而美國到處種滿了花，特別在舊金山、佛羅里達、芝加哥一帶，簡直成了花城。

車子駛到了愛廸生路，滿以為馬上可以進去參觀了；誰知到門口一看佈告，要到十二點半才開放，還有兩小時，到何處去消磨呢？

「參觀示範房子去，我相信冰一定很高興的。」

畢爾說。

我就心下午動身太晚，湘兒要趕夜路，非常著急，很想不參觀了，又覺得機會難得，要不是為了看畢爾夫婦，誰會跑到這遙遠而偏僻的佛羅里達來呢？

這裏一共有五座示範房子，每一座有不同的構造；顏色分為粉紅、淺藍、淺綠三種，有一座四房兩廳的，也有六房的。房子裏面的牆壁顏色和家具、窗簾、床罩、地毯、沙發……完全一樣，一走進房間，就使人感覺富麗堂皇，高雅清爽。

這五座房子的佈置各有不同，每座的建築費和材料費（水電、家具在外）最貴的是美金兩萬八千五百元，其次是兩萬四千五，最便宜的是一萬七千九百九十六元。

我們花了四十分鐘參觀完了，覺得美國人在物質方面眞會享受。

「這些房子，每天開放任人參觀，晚上也不上鎖，不怕小偷把東西搬走嗎？」我問畢爾。

「沒有小偷的，這裏的治安很好，不像紐約、華盛頓、芝加哥一帶，整天要提防強盜小偷。」

參觀完了，我們又去海濱玩，這裏游泳的人多極了，找不到停車的地方，於是只好坐在車上，欣賞四周的風景。

一路上，畢爾向我們介紹這裏的環境：

佛羅里達這地方，是一八一九年向西班牙買來的。因爲氣候溫和，不冷不熱，從來沒有下過雪，所以這是一個退休人員養老的好地方。夏天，這裏並沒有多少人住，清靜極了，一到冬天，便從北部擁來很多避寒的人，有些富人在這裏蓋了別墅；沒有房子的人，就住在旅館裏。你看，這些高腳樓，就是出租的小房子。

「這些房子和馬來亞的阿答屋很像；不過他們是用阿答葉蓋的屋頂，這裏是用瓦蓋的。」我說。

「現在時間還早，我們再去參觀水族館好嗎？」

畢爾徵求我們的意見。

「好極了，我們就去吧。」文湘說。

畢爾怕文湘太累，他自己開車。走進水族館，這裏的熱帶魚眞多，有些曾經在臺灣和新加坡看見過，有些從來沒有見過的，實在太美了；特別是一些五色斑駁的美麗貝殼，也是我素所未見的，想想自己收集了三十多年的貝殼，種類未免太少，太寒傖了！貝殼裏面有一種叫做 Gloly of the Sea 最爲珍貴。我看了又看，一雙腳彷彿被膠黏住了似的，不想離開。

「走吧，待會我們還要去排隊呢！」

湘兒催我，想到下午還要趕回列克城，還有許多魚和貝殼沒有看完，只好跟著他們走了出來。

「本來參觀愛廸生的避寒山莊，除聖誕節外每日上午九時至下午四時開放，星期日例外，從十二點三十分到下午五點，方才我忘了告訴你們，唉！人一到老年，就不中用了！」

畢爾一面說，一面開車，不時偏過頭來向我們笑笑。

汽車沿著兩邊種了密密的大王椰的愛廸生路前進，然後轉到麥克萊格大道二三五〇號，這裏便是愛廸生的避寒山莊。

車一停，我們還沒有下來，畢爾就去搶著買票，大人每張一元五角、兒童五角，假若用臺幣來計算，實在太貴了！

「這是一個佔地十四英畝的動物園，愛廸生從一八八六年到他去世的那年，每個冬天都在這裏的實驗室度過他的時間。」

畢爾像一個熟練的嚮導，他指著橡膠園向我們介紹。

「你常來這裏嗎？」文湘問。

「只要有朋友來，我照例要陪他們來參觀的，何況你們來自臺灣呢？」

十二點半到了，準時開放。

首先，導遊的人把我們分成兩路，領導我們第一隊參觀的人，是一位大約五十歲左右的男子，他口若懸河地指著一棵大樹說：

「這是愛廸生先生親自種植的，你看長得多麼茂盛，這麼粗的根，這麼多的枝幹。」他又指著一口井說：「愛廸生曾經用這水做實驗……」

嚮導走在最前面，觀衆走路的快慢，完全操縱在他的腳上，他講得越詳細，走得越慢，我的心裏便越著急，我希望趕快看到他的實驗室和起居室。

「這是愛廸生的避寒山莊和實驗室。」嚮導像背書似的說：「一八八四年，他第一次來到邁牙斯堡，以後常來這裏度過他的工作假日。他和助手們曾經費了許多時間，完成了早期的發明，例如：電燈泡、唱片、照像機、電影機、電唱機、電話、印刷機、蓄電池……唉！太多太多了！我說不了這麼多，你們也記不住是不是？」

他說到這裏，大家都哈哈大笑起來。

「不過我可以告訴你們，他發明的東西，一共有一千零九十七種專利。」

「他除了專心研究科學，發明了這麼多有益社會的生活必需品外，還在這裏開闢了一個最完備的熱帶植物園。諸位女士先生，請你們大家來看，這是一棵叫做Florida Goldenrod的樹，是愛廸生在這裏發現的，他說這是一種很有希望能生產橡膠的本地植物。」

看到橡膠樹，使我憶起十多年前在馬來亞的情形來：每逢假期，我們都要出去旅行，從馬來亞到新加坡，沿途幾百里，都是一片整齊翠綠的橡膠園，眞是美極了！雖然這少數的幾棵天然橡膠樹和馬來亞一帶的橡樹林比較起來，有小巫見大巫之感；但愛廸生的遠見和研究精神，是使我們萬分欽佩的，如今沒有人再來這裏研究，這幾棵橡樹就成了點綴風景和紀念他的遺物了。

「愛迪生太太眞是個好人，在死以前，她把這個植物園和這座避寒山莊，捐贈給邁牙斯堡城作爲觀光區。」

我們跟隨嚮導經過愛迪生的客廳、飯廳、臥室，陳設非常簡陋、樸實，可以想見這位偉大的科學家，是不計較物質享受的。

接著，我們走進了他的工作室，有兩大間是相通的，桌上、架上，到處陳列著他實驗的玻璃瓶、玻璃杯、磁器、鐵器……應有盡有。參觀的人，一面慢慢地看，一面讚嘆著這位舉世聞名的科學家，發明一千多種用品，的確是付出了他一生所有的精力。

使人看了最受感動的是：在進門的第一間實驗室裏，放著一張小小的木床，上面鋪著一床破舊的被單，一個小枕頭和一床薄薄的毛毯；那毯子的顏色是深灰色的，有點骯髒的樣子，導遊說：

「愛迪生爲了實驗，有時候，他在這裏夜以繼日地工作著，倦了，就躺在床上休息一會兒，爬起來，又是工作，工作，不停地工作。」

我和那些富於人情味的觀衆一樣，用手去摸一摸那架最初發明的電話機，摸一摸那些玻璃瓶，在我的心裏，彷彿有一種和愛廸生握手的感覺。

「愛廸生是一八四七年二月十一日生的，他的故鄉是俄亥俄州的米蘭城；家裏非常貧困，父親做小生意，母親是小學教師。說起來，也許有人不相信，這麼一位偉大的科學發明家，僅僅只受過三個月的國民教育，以後就在家裏由母親教他。」

嚮導進一步地向觀衆介紹，大家都包圍著他，他只好停住了。

「十二歲的時候，他開始在車站賣報、賣糖。後來有人介紹他到鐵路上工作，有次不小心跌傷了耳朶，以致重聽；還有一次，他在行李車廂中，偷偷地做他的實驗工作，因爲失火而被開除。正在這時，他救了一個站員的兒子，那人爲了感謝他，就介紹他去做電報生。

「對愛廸生來說，這眞是一個很好的機會，他在這段時間，發明了有關電報的機器，於是好運來了，他得到政府四萬元的獎金；他利用這筆意外的巨款，在 Newark 開了一個工廠，環境越來越好轉，發明也就越來越多了。」

嚮導說著，我們已跟著他走進了愛廸生全部發明的各種機器展覽室。

「呀！這麼多！」好幾個人異口同聲地在讚嘆。

每一件東西上面，都附有說明，由最初到最後的成品，都順序陳列著。例如：最初的電話機，是掛在牆上的那種木頭盒子，要搖很多下，才能聽到對方的聲音；還有，最早的照相機，正是我小時候在鄉下看到的那一種，現在臺灣有些照相舘還在用著，未免太落伍了。

「什麼是天才？百分之二的靈感，百分之九十八靠忍耐和努力！」

這是由錄音機裏播放出來的愛廸生的格言，也是他成功的秘訣。

當我站在這一千二百種以上的發明陳列室裏，我太高興了！想不到從小我最佩服的偉大的科學家彷彿就站在我的身邊。錄音機裏放出他親切而有力的聲音，各種留聲機、電唱機播放著不同的音樂，又熱鬧、又有趣、又興奮！這是參觀節目的最高潮，大家都站在這裏，依依不忍離去。

「諸位女士，諸位先生，謝謝你們的參觀；最後，我還要告訴你們最關心愛廸生先生的一件事：他是一九三一年八月一日在實驗室工作的時候暈倒的，已經是八十四歲的高齡了，早就應該休息；但他仍然在不斷地工作，努力研究，終於在這年的十月十八日進了天國。聽到他死的消息，沒有不傷心的，全美國幾百萬人都把電燈熄了，爲他靜默致哀！……」

這是多麼令人感動的事啊！偉大崇高的愛廸生，一直到今天，以致永遠，活在全世界人們的心中，他並沒有死，他眞是永生的。

參觀了愛廸生之家歸來，坐在車上，腦海裏憶起了幾件有關他幼年、少年時代的故事：

愛廸生（Thomas Alva Edison, 1847-1931）五歲的時候，就開始對科學發生研究的興趣，他曾經孵過鵝蛋，希望用他的體溫，使鵝蛋變成一隻小鵝出來；十歲的時候，有一天他忽然想到：人的身體是不是可以用瓦斯的力量，使他飄浮在天空呢？於是他要小朋友麥卡做他的實驗品，他用碳酸鈉、酒石酸和水混合，做成一種清涼飲料給麥卡喝，立刻麥卡肚子痛得在地下打滾，愛迪生嚇得要命，也把他的母親氣得要死。

愛迪生的腦子，每分鐘都在思想，做實驗的時候，他從來不灰心、不氣餒，失敗了再來；假若沒有他的耐心和再接再厲的研究、奮鬥精神，我們今天怎會享受這許多的物質文明呢？因此，第一次世界大戰時，德皇威廉曾經說過這樣的話：

「和愛迪生的頭腦作戰，比和一百個師團戰鬥，更爲可怕！」

不錯，愛迪生有異於常人的聰明頭腦；但他成功的要素，還是在「有恆」、「忍耐」和「努力」上面；假使我們每個人只要有他的千分之一的精神，還怕學問事業不成功嗎？

紐奧良憶遊

一提起紐奧良（New Orleans），去過的人，都會說一聲：「眞是個美國南部的好風景區。」

其實紐奧良不但風景幽美，富於法國風味，在過去，它是美國最發達的文化中心，也是美國南部的新興工業區；它位於密西西比河的一道河曲的地方，距離墨西哥灣一百餘哩。自從一七一八年法國路易斯安納殖民地總督尙・巴蒂斯特李梅建城開始，紐奧良便成爲美國腹地，與世界其他各國聯繫的樞紐。

紐奧良的滄桑史

紐奧良，也許是因爲密西西比河的關係，土地肥沃，樹木碧綠，枝葉繁茂，草色青青。據說這裏有特別的抽水系統，經常保持不乾燥，也不潮濕，把過量的雨水，由渠道抽回龐查特運河，因此不論春、夏、秋、冬四時風景都是那麼美，那麼吸引遊人。

說起紐奧良的歷史來，眞像戲劇性一般變化：

在一八〇三年十一月至十二月，短短的三十天內，先後掛過西班牙、法國和美國三種不同的國旗。

一七六三年，紐奧良由西班牙接管。

一八〇〇年，交還給法國。

一八〇三年，法國的官員，才抵紐奧良，正想好好地享受一下外交官的生活，沒想到已經賣給美國了，一月八日法、美兩國簽訂合約。

一八一二至一八一五年，美國和英國因公海航行權發生衝突，打起仗來，守將是傑克遜，後來做了美國第七任總統。

最有趣的是：當時有一個著名的海盜拉非脫，英國軍官想收買他攻打美軍，不料他反而幫助美國作戰。他是十九世紀初期聲勢浩大的海盜，和他的姊姊珍思，專門走私，在紐奧良貝本街，開了一間鐵舖作爲掩護。

一八〇八年，美國政府禁運黑奴，他們改行，專搶英國和法國的船隻，那時英軍願意付出很高的代價收買他帶路，攻打紐奧良，他拒絕了，反而協助美國政府，打退了敵人，終於成了愛國志士，後來麥迪生還爲他下了一道特赦命令。

紐奧良的風光

從巴頓路芝（Baton Rouge）到紐奧良，雖然只有一小時的車程，前次我只是經過這裏，連住在巴頓路芝三年的兒媳，都沒有來遊過。今天氣候晴暖如春，一路風光如畫，漫長的馬路兩邊，響着潺潺的流水，不時有海鷗飛過，牠們好像在和天上的飛機競賽似的，小瑄和小瑗，像一對出了籠的小鳥，比我們大人還高興。他們兄妹兩人時而談笑，時而唱歌，他們已經養成良好的習慣，吃飽了飯不再吃零嘴。

九點五十分抵紐奧良，五個人早晨都吃得很飽，先停好車，然後慢慢地遊覽市區。

這裏的街道，都是方方正正的，像我國四川的成都。住家的，多半是些小獨院，或者兩三層的樓房，欄杆都是用生鐵做成的，有各種不同的花樣非常別緻，陽臺上種滿了花草，那些垂下來的長春藤眞美，像流蘇似的擺動。花香隨着微風，飄進遊人的鼻孔，舒服極了。

我們沒有嚮導，也用不着看地圖，就這麼悠閒地信步「行街」。不久，到了傑克遜廣場，公園裏擠滿了遊客，有的用花生或者玉米花在餵鴿子，這是孩子們最高興看到的一景，他們都把鴿子當做是自己的好朋友，生怕牠們餓了，寧可自己不吃，把手裏的玉米花統統倒在草地上；突然，一個頑皮的黑孩子來了，他用手一揮，大叫一聲，把所有鴿子都嚇得飛走了，大家都用討厭的眼光盯着他，他不好意思地走開了。

鴿子又成羣結隊地飛回來，再沒有小孩敢驚擾牠，牠們的小嘴啄得那麼快，那姿勢活潑可愛極了。

公園裏，有傑克遜總統的銅像，凡是手持相機的，都要在這裏攝影留念，我們也照了一張。

「媽，您看，那就是馬克吐溫小說裏寫的密西西比河，待會我們就要乘船去遊河了。」

良媳手指着遠遠的河流對我說。

正在這時，小瑗牽着我的手，去看公園外邊的熱鬧場面。原來有樂隊正在奏着搖滾樂，遊客都好奇地停在這裏，也有參觀路旁畫展的；相傳美國的搖滾樂，起源於紐奧良。因為人太擁擠，我們先去看看市場。

法國市場，並不是單純的菜市，實際上是許多商店的集合；但仍以日用品為主，有專賣凍肉、血腸（內加羊脂）的，有專賣水菓的，像芒菓、木瓜、鳳梨、椰子、番石榴、小金橘……應有盡有，我彷彿回到了臺灣；可是有一種水菓我從來沒有見過的，那就是紅白兩種香蕉。

走過一家賣酒的店舖，裏面擺滿了各種各樣的酒，法國的酒和香水，是舉世聞名的，我喜歡喝那種甜甜的葡萄酒；但在此時此地，不好意思買來喝。

酒店裏，還有一個特色，有大桶的酒零售，正像在北平一樣，可以「來四兩白乾！」據說許多紐奧良的人，是拿酒來當水喝的。這裏的海鮮尤其著名，有些遊客，買了煮熟了的螃蟹肉、蝦肉、烤鴨、麵包等去船上野餐。

暢遊密西西比河

我們坐上了「馬克吐溫」號的大輪船，去遊密西西比河，這是早年的那種「外輪船」(Sternwheeler)的翻板，船尾裝有一個很寬的蹼輪撥水前進。船有三層，頂層是駕駛臺和甲板，一、二兩層都有空氣調節，最下層有賣吃的喝的，全船大約可容四百餘遊客，可是那天的客人並不太多，可能只有二分之一。

船於十二點五十分開行，我們先去吃了三明治，喝了汽水，然後再上二層，坐在船邊，欣賞兩岸風景。

船上有廣播設備，隨時有人介紹風景，講解歷史，看來紐奧良和波士頓一樣，喜歡「古老」，和紐約人談「新」，芝加哥人談「大」，都不相同；當然，古老的事物能夠不朽，一定是盡善盡美的；新的事物中，有許多只是一時新奇而已，有許多是過了時就忘記了。

馬克吐溫號首先順着密西西比河往下航行，經過了許多碼頭和大建築，才看到海軍的軍艦。以後到了古戰場，船的速度慢下來了，河岸有一個高大的紀念碑，聽報告員講解幾次戰爭的歷史。不久，到了阿爾吉爾水閘，船就開到水閘裏，將後閘關閉，水面上升，當前閘開放後，船就「更上一層樓」，已經到了水位較高的岸內水道了（Intracoqstal Waterway）。

最引人注意的是，過了王冠尖（Crown Point）以後，就進入水流緩慢的地帶，這裏是海盜拉非脫（Lafitte）的活動中心。首先看到樹林裏的高腳屋，完全像馬來亞的阿答屋一樣，接着是印地安人的墳場，和許多有關拉非脫的遺跡。

不久，船又折回，轉向哈威運河駛行，經過哈威水閘，又進入密西西比河，從紐奧良大橋下穿過，直到下午兩點半，才回到起點，全程有六十多公浬。

坐在船上，我一直想到馬克吐溫小時在船上打工的生活，和他說的一句最富感情的話：「我走遍天下，沒有比密西西比河更可愛的！」眞的，誰不愛他的故鄉，今天我把密西西比河暫且當做黃河、長江，我也在深深地，深深地懷念我那可愛的故鄉……。

船上有售紀念品和點心的小商店，我想買個什麼玩具送給兩個小孫，良媳連忙說：

「媽媽，隨便帶他們去那兒玩，我們從來不買什麼給他們，難得養成這個好習慣，求您不要破壞了。」

眞是個好媳婦，說得我不好意思買東西了。

找不到中國飯館

下了船，第一件事，就是想找家中國餐館喝喝茶，其實肚子一點不餓，但湘、良兩人都說，我是難得到紐奧良來的，非請我吃一次眞正的法國西餐不可！我告訴他們，什麼西餐我都沒有興趣，寧願吃碗陽春麵；可是他們說什麼也不聽我的話。

走了不知多少大街小巷，找不到法國飯店，突然在一條小巷裏，看見一位中國姑娘，連忙上前一問，她只有三明治和熱狗賣，最後還是吃了美國西餐。

曾經有位朋友告訴我，紐奧良的人最講究吃，待客人尤其特別殷勤，她曾經被招待到一家最有名的法國餐館——雙鳳園去喝咖啡，那味道是非常怪怪的。老闆曾經告訴她，這裏的咖啡是用二分之一的爪哇咖啡荳、四分之一的馬拉開波咖啡荳，和四分之一的聖多斯咖啡荳配成的，這些磨碎了的咖啡粉，放在漏壺中用溫火慢慢地煮，需要稍長的時間，讓咖啡液滴滴流出來，味道特別濃香。

煮咖啡不但如此麻煩，喝咖啡之前，還要加一點白蘭地酒，幾片胡桃葉和搗碎的薄荷梗，難怪吃起來，味道是那麼特別。她說：這是純法國式的咖啡，「漆黑如夜，香甜如愛，熱辣如鬼。」(Black as Night, Sweet as Love and Hot as Hell)

今天玩得很痛快，回到家，是五點十分。歸途中，看到日落和晚霞的美景。我們三人都覺得很累，兩個小傢伙，還是那麼精神飽滿，睜着四隻大眼睛，追看那穿過雲彩裏的飛機。

一進屋，力良就下厨房準備晚餐，她躭心我西餐吃不飽，還買了一個馬夫趕車的鐵製模型玩具送我。

「你不是不許我買玩具給小瑄小瑗嗎？爲什麼你要買馬車送我？」我質問她。

「媽媽喜歡小玩藝兒，這是紐奧良的特產，送您留個紀念。」

我謝謝她，兩人都笑了。

參觀埃及皇墳出土物品展覽

這是我第二次去紐奧良。

湘兒的朋友送他三張參觀埃及國王的墳墓出土物品展覽入場券，是晚上八點的。

匆匆地吃完晚飯就上路。

到了目的地，廣場上停了大約有一千多輛汽車，有專人在指揮進退。

「你們千萬記好停車的地方，待會找不到才糟糕呢！」

我心裏有點着急。

「媽媽，文湘會記住的，您放心。」

力良安慰我。

晚上走路，我這個斷了腿的人，需要特別留心，廣場裏盡是些碎石頭，眞是寸步難行，要不是良媳扶着我，說不定早就摔倒了。

到了收票的門口，那位美麗的小姐看見我扶着手杖慢慢地走，她問我要不要輪椅，我想坐在輪椅上，一定不方便參觀，於是謝了。

法老王杜丹伽芒在位期間，是公元前一三三四至一三二五年，他十八歲就去世了，因爲他死得太早，沒有預備他的墳墓，只好匆匆忙忙地將爲一個地位較低的官員準備的墳墓，臨時改爲皇陵，這墳的質料及裝設，都比其他的皇陵差。

一九一四年，他們開始尋找這座墳墓，及到一九二二年，才找到樓梯及入口。三千多年來，皇陵沒經過騷擾，這位年輕皇帝，可說是有福之人，安眠在九泉之下。

展覽品雖然只有五十五件，卻分爲二十幾間大房間陳列。在特別光亮（像拍電影的水銀燈一樣）的電燈光照耀之下，顯得那些金色、銀色、珍珠、瑪瑙、玉石一類的東西，閃閃發亮，更加惹人注目。起初我們以爲可以看到皇帝的木乃伊像，結果失望，展覽品裏面，都是些皇帝生前坐過的椅子，用過的餐具，小時候玩過的東西，例如刀劍，以及皇帝的照相等等。有很多器具，裏面用木頭做的，外面包金，也有很多是鍍金的；最有趣的，是我們臨出場，看一個很大的藍色花瓶，是我們中國的，也當作埃及出土古物，陳列在這裏湊數，未免太笑話了。

參觀展覽的男女老幼，眞是人山人海，摩肩接踵。出口處，有橱臺陳列埃及的古物、土產，以及這次展覽的各種物品明信片，有些好奇的，或者喜歡搜集古董的，都在掏腰包，我們看過了故宮博物院那不計其數的珍貴古物的，實在沒有什麼可看，更値不得去買它。

紐奧良之夜幽靜極了！草地很多，馬路不像美國其他的城市那麼汽車擁擠，聲音嘈雜，地上很清潔，空氣新鮮，溪邊上有兩人在釣魚，引起了兩孫的興趣，他們下車看了很久，回到家已經十一點了。

玻璃花

朋友：

想不到吧？我來到波斯頓了。

本來像我這個跌斷了右腿，行動不便的人，是只有資格坐在家裏，躺在床上看書念經打發日子的，怎麼可以和好人一樣周遊世界呢？然而，朋友，你們是知道我底個性的，不但喜歡遊山玩水；而且越是危險的地方，我越想去探險，像過去攀登華山五峯，日本三原山活火山探險，就是例子；但那是過去的事，如今只有在夢裏遨遊了！我只希望回到臺灣，能重遊阿里山、日月潭、橫貫公路，去金門、馬祖、澎湖慰問我們日夜戍守前線的將士，我就會感到萬分高興了。

這次是趁着美國感恩節放假三天，由次兒文湘開車，外子和他坐在前面，媳婦力良與我坐在後面欣賞沿途風景。

「媽，由紐約到波斯頓，開車最快也得四小時以上，您如果坐累了，覺得腿痛就告訴我，我可以開到加油站去停車，讓您停下來活動活動。」湘兒說。

「好的，你不要操心，只管好好地開車，我不舒服，就會說的。」

一路上的雪景美極了，有些地方馬路兩邊還堆着厚厚的雪，高山上，更是一片白銀世界；也許是沿途的風景太美，使我不感覺酸痛，抵達波斯頓城時，我恨不得吃完飯，就去欣賞世界聞名的玻璃花。

波斯頓，是大西洋歷史的發源地，也是美國最古老、最富有革命性、人情味濃厚的城市。過去，這裏的街道是狹窄的，遇到有什麼紀念日子，人羣像潮水似的洶湧而來；可是如今也向紐約、芝加哥一些大城市看齊，高達五十二層的普頓休保險公司，還有六十層的漢克公司，已於一九六九年動工，預定一九七三年完成的高樓大廈，其他三、四十層的機關、公司、公寓，到處林立，和其他大都市一樣繁華。

我國有許多留學生在麻薩諸塞（Massachusetts）——簡稱麻省的理工學院獲得博士、碩士學位；波斯頓，就是麻省的省會，也是最早和中國人通商（那時他們進口我國的絲、綢、茶葉等），仰慕我中國文化，和中國人的感情最好，一點也不歧視黃種人；特別是那個全省面積最小的羅德島（Rhodesland）的人簡直像我們中國人一樣保守，起初不容易和他做朋友，假如日子久了，成了知己，可以肝膽相照，能爲朋友犧牲一切。

波斯頓，別號自由的搖籃，美國獨立的火把，是從這裏開始燃燒的。波斯頓的名勝古蹟太多太多，一時也介紹不完，現在我要談的是人人讚美的「玻璃花」。

朋友，假如你到過波斯頓，一定去參觀過玻璃花；而且我相信你會在腦海裏留下最深刻的印象，一輩子也不會忘記。

我們住在李先生府上，李太太鍾英女士是一位聰明美麗，擅長寫作，喜歡朋友的愛國女性；她問我此次來波城，想參觀那幾處古蹟，我簡單地回答她：「玻璃花。」

「好，讓老李做嚮導，我因爲今天有課，恕不奉陪。」

她很乾脆，我最愛這種直爽坦白的朋友。

進了哈佛大學的博物館，李先生買了門票，領我們直向玻璃花陳列室走去。

這眞是有生以來第一次看到的奇景，那些平放在玻璃櫃裏，和掛在牆壁上玻璃櫃裏的玻璃花，完全像眞的鮮花，盛開在大花園裏，不但每一片葉子，每一個花苞，每一根雄蕊、雌蕊，每一根仙人掌上的刺，栩栩如生，而且連採花的粉蝶，都是活鮮鮮地彷彿正在吮吸花粉。朋友，我的文字太笨拙，簡直無法描寫玻璃花各種美妙的形態和鮮艷的色彩，怪不得它是那麼吸引遊人，舉世聞名。

「不要老停在這個地方，裏面還有更好更美的花呢！」

李先生在催促我。

我這時已完全忘了腿痛，整個心沉醉在使我忘卻人間一切痛苦、煩惱、憂愁的境界裏；換句話說，這是人間最美、最善、最眞的世界，你一定不相信，人的雙手萬能，竟有如此巧奪天工的驚人手藝。

「像這樣的玻璃花，全世界只存兩套，一套存在這裏，另一套存在德國。」

李先生說，湘兒爲我們在拍照；可是室內的光線不如室外，又加之玻璃有反光，照出來的相，只有模糊的影子，無法製版。

「做這些花的人還在嗎？」我問李先生。

「早已去世，他的兒子承繼他的事業，如今也死了。」

李先生搖頭嘆氣，我心裏立刻萬分難過。

「那麼，從此無法再看到新的玻璃花了。」

我失望地說。

「有這麼多，也就夠了，將來時代越久，這些玻璃花越有歷史價値。」

這時候，突然有一個也許永遠不能實現的念頭湧上腦海，我希望美國政府把這些珍貴的玻璃花，分贈全世界每一個友好國家，那怕只有十朵八朵也好，讓世人都能欣賞，豈不功德無量，皆大歡喜嗎？

朋友，我眞想少寫幾百字，請婦友編者多登兩張玻璃花照片，我就感激不盡了。

敬祝

健康

冰瑩上

我愛「中國城」

我住的是一座有兩百多戶的老人公寓，要年滿六十二歲以上的人，才有資格申請。這是一個交通非常便利，眞是四通八達，鬧中有靜，非常安全的公寓。每天一過了辦公時間，大門一鎖，沒有鑰匙，休想進門；來探親的家屬或朋友，一定先打電話，要住客下去開門，才能進來。

出了大門，橫過馬路，便是三十路特別快車，只要五分鐘，穿過隧道，往右一轉，便是中國城了。

因此，想申請住進這裏的人，不知有若干，我們也花了一年多的時間，才等到這個位置。

我眞高興能夠找到這麼好的公寓；從客廳和臥室的窗口望去，就是金門大橋和太平洋海灣。我每天把太平洋看做碧潭，或者長江、湘江；把金門大橋，當做碧潭吊橋，或者復興大橋。對於橋，從小我便有很好的印象，朋友經過金山，或者初步來到金山的，我總喜歡問一聲：

「看見過金門大橋沒有？」

假如對方回答說「沒有」，我就請他來我家先遠眺一番，然後請葉大夫開車帶我們再去過橋。

這眞是一座舉世聞名的大橋，建築師約瑟夫・史特勞斯（Joseph B. Strauss, 1870-1938）在四十一年前五月二十七日，完成了金門大橋——據說是他一生四百個建築傑作之一，花了整整四年功夫，耗資三千五百萬元以上。因爲保養得好，又更換大橋的鋼纜四次，所以完全像新橋一樣。

根據一九七七年世界日報的統計，金門大橋自從啓用以來，曾經關閉過九次，除了前面所說的四次換鋼纜關閉外，一次因強風關閉了三小時，一次讓法國總統戴高樂單獨通過，一次許可一位飛行員將他發生了故障的飛機，從橋下飛過；還有兩次沒有宣布的安全理由。

車輛過橋費，最初一次多少，我不知道，三年多來，由五毛漲到七毛五，現在是一元。

金門橋，是舊金山四寶之一，其他三寶是中國城、噹噹車、漁人碼頭。

現在輪到我來介紹中國城了。

誰都說，舊金山的中國城，是全美最早、最大、最完善、華人最多的地方，他們稱為大埠、唐人街。老實說，我們選擇這裏做寄居的「窩」，實在為了中國城像臺北的西門町，不論吃的、穿的、用的，都有中國貨；家中的佈置，也是中國式的，所有商店，都有中、英兩種招牌，每到過農曆年，鑼鼓喧天，舞龍、玩獅子、飲春酒，各同鄉會舉行春宴；特別是從元旦至元宵這半個月之內，中國城到處可以聽到放鞭炮、打鑼鼓的聲音，熱鬧極了。

朋友，中國城還有一大特色，可以說是廣東人的天下，四十歲以上的人，都說廣東話。有一次，我去郵局買郵簡，對方說：「我不懂你說什麼？你說廣東話。」

「對不起，我不會說廣東話。」

「為什麼不學？」

「你為什麼不學國語？」

糟糕！我這話一出，他氣極了！把頭一扭，就不理我了。從此，我再也不敢到他服務的窗口去買郵票，以免碰釘子；幸虧還有一位鄺先生懂國語，否則問題就大了。

一提到郵局，我特別想念臺灣。我相信臺灣的郵政，是全世界辦得最好的，所有郵局的辦事人員，都可以獲得最佳服務獎，不論星期、放假，每天都有一定的時間收、發信件，平常日子，一天收四、五次信；限時信，更是隨到隨送，半夜三更，綠衣使者也會騎着摩托車送信來。他們並不按鈴，免得驚擾你的清夢；可是奇怪，每次我只要聽到摩托車的聲音，定一醒來；而且馬上披衣去信箱拿信，有時是對門或者隔壁的信，我就大失所望了。

正寫到這裏，我突然想要下樓去拿信，於是馬上不乘電梯，從樓梯走下去，只見有五、六個人站在那裏，大家的臉上，都現出不耐煩的表情，我知道信還沒有來，於是趕快回來繼續工作。本來平時每天上午十一點左右，一定有郵差來，這幾天因爲換了新人，所以有時到下午兩三點才來。

順便在這裏說明一下，美國的郵差很少有固定的，不像我國的郵務人員，都是終身職。固定的郵差，送信久了，那家信多，那家信少，瞭如指掌；這裏的郵差，是論鐘點的，常常更換，有時是黑人，有時是白人，有時是女性，有時是中國人。因爲是生手，兩百多個信箱，他至少要半小時以上才能分配完畢，好比急驚風，偏偏遇着慢郎中，眞把這些老頭、老太婆急壞了；特別在發福利金的那兩天，他們盼信，眞像熱鍋上的螞蟻一樣，坐立不安。看到他們（特別是老太太）那種着急的表情，也影響了我的情緒，我也變得焦灼起來；其實我等待的是各地朋友的書信，以及書、報、雜誌；最使我高興的時候，有時一次收到十一、二封信，六、七種雜誌，回到房間，我可以享受兩三小時的痛快生活，可以不吃不喝，這時我感覺精神食糧，要比物質重要多了。

不過有時候從書信裏面，也會得到一些不幸的消息，例如朋友中有跌斷腿的，有去世的，有患結石開刀的，也有患高血壓、心臟病的，令我擔心、傷痛，於是失眠、流淚，許多毛病都會發生。

朋友，請告訴我，爲什麼人類要有感情？爲什麼理智不能戰勝它？爲什麼不能「太上忘情？」佛教裏面，把「貪」「瞋」「癡」列爲三毒，「愛，別離苦」是人生最難忍受的，爲什麼人有癡情？爲什麼有時還自作多情？……

好了，好了，不能再寫下去了，我已經離題太遠，趕快把野馬收回來吧！

「人之所以異於禽獸者幾希。」我常常想到古人說的這句話。人類與其他動物絕不相同的，是他有感情也有理智；而且理智要能駕馭感情、控制感情、爭勝感情；如能把愛「家」的感情，擴大到「愛國」、「愛民族」，甚至「愛人類」，我想這種感情，是最高貴的，不會有人反對；而且會提倡、會鼓勵，因爲那正是向「兼愛」、「博愛」、「天下爲公」、「世界大同」走去的起點，也就是「犧牲小我，成全大我」的終點。

我愛中國城，因爲我忘不了我的祖國，我的中華文化。我眞想不到，在一所外國學校裏，有位美國教授，選了一篇談馬年的文章給學生讀（百分之九十以上是中國學生），告訴大家：中國有四千六百七十五年的悠久、光輝的文化歷史（講義上寫的），還說明十二生肖的來由；並說在天上龍爲最尊貴，在地上，馬爲最特出的動物，牠對於人類的貢獻很大，有犧牲自我、成全他人的精神；由馬的能夠忍耐犧牲，說到中國人的特性，富有同情心、仁愛心、講義氣、重然諾、不忘本，有「錢財如糞土，仁義值千金」的觀念。所以儘管有些老華僑，他們祖孫三代都在舊金山出生；但他們並沒有數典忘祖，他們的兒孫，無論在任何場合遇到，都是一口廣東話。在學校，和異國同學相處，自然只能說英語；可是一回到家，就恢復了國語或廣東話。我相信：中國人，永遠是中國人，縱然有極少數願意做假洋人的不肖子孫；等到他骨頭化成了灰，到底還是中國人。

有一次，在公共汽車上，一位美國中年男子，問一位氣喘喘地跳上車的洋小男孩：「你到中國城來幹什麼？」

「我看熱鬧，中國人舞龍、玩獅子，太有趣了。」孩子滿臉笑容地回答。

「你知道今年是中國人的什麼年嗎？」

「我知道，是馬年。」我和朋友都笑了，想不到我們的馬年，連外國小孩也知道了。因爲自己也是馬年出生的，所以不論在什麼報紙雜誌上，凡是看到有關談馬的文章，我總要細讀一遍。希望今年我有駿馬一般的精神，不鬧病、不消極，使我能振作起精神來，多讀幾本好書、多寫幾篇有意義的文章，不白白地浪費暮年的光陰，於願足矣。

有中國人的地方就有中國文化

雖然康郡中文學校的聯歡會，已經過去了一個多月，可是一九八二年的二月二十日那天聯歡會給我的印象，是那麼鮮明、那麼深刻地印在我的腦海裏，我如果不把它寫出來，心裏會永遠不得安寧。

一個令我興奮的電話

「謝老師，下星期六您有空嗎？我們想請您來參加我們中文學校的聯歡會，校長是石地夫，有一百五十多個學生表演，您是最喜歡小朋友的，希望您能來，光天、肅容也參加，他們會接送您。」

這是筑慶（「婚姻溝」的作者，筆名路一沙）的電話，我沒有考慮，立刻回答她：「我一定去！」

「那太好了，我們先不告訴石地夫，等那天見到您，讓他驚喜一下。」

放下電話，我心裏在想：石地夫，這位「寂寞的三十七歲」的作者魯肇煌，那麼整天忙的工程師，居然來辦中文學校，太好了！

充滿熱情的聯歡會

事情眞巧，容妹也是被邀請的來賓，週五她來看我，吃了晚飯之後，她一定要我去她家住一夜，第二天上午，有楊小姐開車送我們去筑慶家，先看她，然後去學校，不用麻煩肅容接了。

這天筑慶是學生演講比賽的評判員之一，還要參加家長合唱，所以他先去學校了。她穿着一件非常素雅的長綢禮服，滿臉笑容，一點看不出有毛病的模樣，可見精神是能夠戰勝病魔的。

一進禮堂，只見老人、中年、小孩，擠滿一堂，有的坐談，有的走來走去；最忙碌的，是那幾位準備午餐、茶水的太太們；最興奮的，是所有的小朋友，參加演講比賽的，除了按名次有各種獎品外，其他參加的也都有獎。

試想一個兩三百人的大聚餐，需要多少炒飯、炒麵、滷蛋、炸鷄腿……這些都是由家長及幾個餐館供給的。

飯後，以最快的動作，收拾好了餐具，開始由家長會的會長林詩欽致詞後，接着由魯校長肇煌報告本校成立的經過：

學校是一個大家庭

「本校開創於一九七六年九月，最初只有二十五名學生，現在將近一百六十名，分別來自核桃溪、康柯、奧克蘭等十四個區域，九十八戶的中國家庭。

「這所康郡中文學校（Contra-costa County Chinese School）簡稱（C.C.C.S.）創業是艱辛的，這批勇敢的先驅，有的已經他遷，有的因爲子女長大而退出了本校。除了他遷的以外，直到現在仍然爲這個大家庭在默默地貢獻，先後主持過校務的有羅張璐茜、楊朱亦蘭、羅大維等，其他如張永、高正白、鄭家鑫、楊祖南、羅家旺諸夫婦，對本校今日規模的造成，也都有過汗馬功勞。」

校長簡單地報告完後，就介紹教務主任及各班老師，接着頒發給各班成績優秀的學生，輪到國語演講比賽時，分高、初兩班，共十二人參加。當我聽到他們講詞豐富的內容，正確的發音，口齒伶俐，態度大方，使我高興得大鼓掌起來，連手心都拍痛了。

講演比賽完了之後，是小朋友的舞蹈、兒童合唱，頒獎完了，還有最精彩的節目，謝婉玲、董瑪琍兩位老師的相聲，和校長、老師一塊合唱的「歡樂歌」、「思想起」、「長城謠」、「晚霞滿漁船」等，最後是梅花梅花滿天下，臺上和臺下打成一片，連我這老太婆也啞着嗓子大唱起來了。

這眞是一個充滿了愉快、狂歡的聯歡會；最後是小朋友的舞龍表演，歡笑聲、鞭炮聲、鼓掌聲鬧成一堂，哈哈，還沒有完呢，最高潮是家長和小朋友們的抽獎，來賓例外。

中文學校的老師和教學

現在要簡單地介紹一下中文學校的許多活動情形。

魯校長在他寫給家長的報告書中說：

「本校創辦的宗旨，除了中文教學以外，同時也希望能爲居住在康郡，以及附近具有中國文化背景的家庭，提供一些有益的社教活動，進而形成一個聯繫中心，例如野餐，及電影欣賞，每星期六由家長輪值兒童隊、體操隊、籃球隊各種活動。去年金山灣區，華美經建文化年會在舊金山召開，其中有海外華文教學專題討論，本校教務主任和七位老師與本人前往參加，與灣區其他中文教學負責人，以及來自中華民國負責華僑教育的政府官員，交換了中文教學的經驗、困難的所在，及改進的方法。」

這個中文學校，共有十班，依甲、乙、丙、丁……排次，全部是女老師，也都是學生的家長。每週六上課兩小時，由十點至十一點五十分，實際上只有一百分鐘，因爲其中還有十分鐘的休息吃點心、喝牛奶。學生每學期繳納學費二十五元，老師沒有固定薪水，每週兩小時，只發車馬費十元。

現在學生用的是臺灣國民小學國語課本，聽說僑委會編了一套海外教材，以適應當地情況，下學期就可以用新課本了。

上課時，在原則上，完全用國語教學；但遇有只懂英語、廣東話的土生華裔，難免有時要說點英語。

魯校長對於這學校的希望很大，他正在計劃要成立圖書室，我想這件事很容易，只要多寫些信，向臺灣僑委會及各文化及出版機構、各作家朋友，徵求兒童書籍，一定不會愁無書可讀的。

「對於學生，我們不但注重他的課業，還要注重他們的品德修養，和他們的身體健康，孩子們好動，隨時有跌交摔傷的情形，我的車箱裏經常備有急救藥品。」魯校長說。

「唉！聽到這些青少年們滿口英語，我眞躭心一百年以後，也許華文在海外要大成問題了！」

曾經有人這麼感慨地對我說：

「請您放心，有太陽、有井水的地方，就有中國人；有中國人的地方，永遠有華語、有華文。」我回答他。

中國是一個永遠長生不老，繁榮發達，富強康樂，屹立於地球上面的國家！

七十一年三月二十九日青年節於金山

澎湖七小時

失望中的希望

到澎湖去的念頭，已經在我的腦海裏醞釀了好幾年，從小讀本國歷史，知道澎湖、臺灣被日本帝國主義者從我國割去以後，我就特別關心澎湖，嚮往澎湖；尤其是在我兩次訪問了金門、馬祖之後，更加想去看看這個有名的風城，向當地衞國守土的將士致敬。好容易接到婦協的通知，十二月十六日早晨可以起飛了，我和蓉子連忙在六點半之前雇計程車趕到了集合地點，誰知到了飛機場，才知道澎湖當天是十一級大風，飛機不能降落，大家心裏想：臺灣的氣候，是時時刻刻在變化的，也許一陣暴風過去之後，就可以飛了。八點半，我們上了飛機，剛把座位上的帶子綁好，下面負責飛機的一位先生叫我們下來休息，這時的失望，眞無法以文字形容；好在到了十點半，邵睿生先生（他是陪同我們去澎湖訪問的好嚮導）終於在失望中給了我們一線希望：

「方才澎湖方面來電話，風太大飛機無法降落，改在後天同一時間在原地集合。」我們這才沒精打彩地，把帶來的勞軍書刊寄存機場，帶著失望的心情各自回家。

海上奇景

「一定是我們的誠意，感動了老天爺，十八日澎湖方面是個天晴日暖的好氣候；九點半，我們已在天上欣賞青天白雲了。

駕駛先生的技術眞好，飛得很平穩，簡直像坐在客廳裏的沙發上一般，絲毫沒有動的感覺；只因馬達聲音太大，彼此不便交談；於是我把預備好了的稿紙取出來，準備寫「小冬流浪記」，才寫了五百多字，忽然徐駕駛員叫我到前面駕駛臺去看海景。

起初，我以爲那滿眼綠色的是山峯，那許多白色堆是山上的積雪，仔細一看，只見那白色的景物，有的在緩緩移動；有的急劇地跳躍；有的突起像山峯，有的又像平地，我心裏正在納悶，這究竟是什麼呢？

「右邊是海，左邊是大濁水溪。」

駕駛先生偏過頭來告訴我。這才明白，原來那綠色的是海水，白的是浪花，太美了！在天上看海景，我生平還是第一次呢！平時坐飛機，老是在白雲堆裏穿過，很少能清楚地望見下界的。

海，太偉大了，一望無涯，沒有邊際，它能容納萬川，胸襟的確濶大、開朗；可是飛到了天空，才知道海並不大，我們可以清楚地望到它的邊界；只有天上才眞是世界最高、最大、最自由的領域。這時，我深深地領略到孔夫子登泰山而小天下的感想。可憐的人們呵，請你多出來領略一下天空和大海的偉大吧，我們現在生存世上，眞像蘇東坡說的：「渺滄海之一粟。」我們像空氣中的一粒塵埃，像黃河、長江裏面的一小滴水，這樣渺小的人，還整天在名利場中爭奪什麼呢？趕快認清自己，有一分熱，發一分光，腳踏實地，替自己也是爲社會做出點成績來吧，這樣，也不算白白地寃枉來到這世界走一趟。

——經常在天空、海上旅行的人，他的胸懷是特別豁達的，我眞羨慕你們！

我想對駕駛員說；可是我怕分散了他的注意力，又把話嚥下去了。

「快到了，看，這就是澎湖羣島。」

在我的感覺裏，起飛彷彿不久，怎麼一下就快到了？我眞希望多飛一會兒讓我多捉住一點靈感，我要以空軍健兒爲題材，描寫他們在天上的生活，和他們艱鉅的任務；以及遇到壞氣候所遭遇的困難和危險。

「澎湖一共有大小六十四個島嶼，其中有人居住的二十一個，馬公島最大，其次是白沙島、漁翁島；你看見房屋最多的是馬公，我們就要降落在太武機場了，這是新修的飛機場。」

駕駛員大聲地向我介紹，我眞躭心他的方向盤，該不會轉錯了；但這是多餘的顧慮，他們太熟悉航線了，幾乎閉起眼睛來，也不會出危險的。

「我還以爲澎湖只是一個小島，原來還有這麼多房屋，這麼大！」

我回到原位對宗玲說，她也正在伸長脖子從窗口向下望呢。

來到了風城

眞是名副其實的風城，我們一下飛機，一陣歡迎我們的大風，把我推進了休息室；副司令和好幾位長官都來歡迎，政治部的張主任是和我們同機去的，他也一直是我們的好嚮導。

主人太週到、太客氣了，先把今天訪問的日程表和有關澎湖資料送給我們每人一份，然後分別乘大客車、小吉普來到金龍頭休息。我和琰如、素雯先乘吉普車進城，原來有一個大任務在身；琰如的皮鞋，掉了高跟，不趕快買一雙，她就會寸步難行了！

「你看，我的平底鞋，一輩子沒有發生過問題，你何苦要穿高跟鞋！」

我笑著對琰如說，憑良心講，我沒有絲毫幸災樂禍的意思，我只有無限地同情她，比她還要著急。

「是的，我應該穿平底鞋來的。」

還好，琰如沒有生我的氣，後來，她眞的買了雙晴雨兩用的平底膠鞋。

進了招待室，只見先到的朋友們，已經在大嚼其花生和花生酥了，這是澎湖的特產，我也連忙塞兩粒花生在嘴裏，比在臺北市上買的好吃多了，又香又脆。陪我們的周副司令官，在進軍校以前，他是復旦大學的高材生，善於辭令，娓娓清談，他說：

「和諸位見面，彷彿和多年的老朋友重逢，一點沒有陌生的感覺，尹司令因公去臺北沒有回來，所以兄弟代表他熱烈地歡迎諸位。謝謝你們贈給我們的將士這麼多的精神食糧，這比任何物質都寶貴，因爲這些都是諸位心血的結晶，我相信一定會鼓舞我們的將士，加強我們反攻復國的力量。」

短短的幾句話，是那麼親切而有力！

休息還不到十分鐘，我提議馬上出發參觀建國日報和廣播電臺。

建國日報是澎湖獨一無二的報紙，到今年成立十五年了，起初是用油印印的，直到四十一年九月十六日才改成鉛印，如今它已由最艱苦的環境裏掙扎出來，建築了一座三樓洋房，可以電動鑄字，自己照像、製版，雖然沒有電動機印報，但平板機一樣快速，早晨五點半，報紙就出來了；不論紙張、印刷、編排、內容都和臺北的大報一樣。現任發行人是張雯澤先生，也是政治部的主任；社長洪士範先生是一位文化鬬士；可惜他因公去高雄沒有見到，由宋總編輯接待我們。

澎湖的軍中廣播電臺，也像金門、馬祖的電臺一樣，他們的工作是忙碌的、緊張的，從清早五點三十分開始，一直到晚上十二點才休息，他們和其他民營電臺一樣，除了播放音樂、英語、新聞、小說選播之外，主要任務是對大陸廣播，他們歡迎大量適合前方戰士需要的廣播劇本、小說，也像建國日報副刊，需要大量文藝作品一樣；當時我開了一張保險兌現的支票，那就是我們這次去澎湖訪問的三十一位朋友，至少每人給建國日報寫一篇文章，她們都熱烈鼓掌響應，我想不至於讓我「犯法」吧（眞的空頭支票，是要坐牢的啊！）。

大榕樹

主人招待我們在金龍頭吃了一頓美味豐盛的午餐，有新鮮的魚蝦、鷄鴨，也有來自臺北的大白菜，我一面吃，一面感到慚愧；澎湖是個有風沙的地方，自古以來地瘠民貧，以前是草木不生的，如今快要綠化全島了；不過儘管我們花多少時間、精力在栽種上面，能夠生長的數目還是有限，看了那些用砧硓石圍成的菜園就可以知道，青菜在這裏，是不容易生長繁榮的。我們從臺北來，沒有帶點什麼送他們，反而叨擾，心裏眞是感到萬分不安。

飯後先參觀省立馬公中學，我滿以爲會見到高秋水先生的；誰知他回去了，只見到該校校長，無意中會到了于延文先生（現任縣立馬中校長），他是師大的校友，自從我去馬來亞之後，便沒有看見他；還有張行慈、吳錦明兩位校友也在那裏。

「老師，我們幾位師大同學，今晚爲您洗塵，您住在那裏，我們好來迎接。」延文說。

「謝謝你們的好意，五點半，我們就回臺北了！」

「太急促了，怎麼不住兩天呢？」

「下次再來，對不起，我們要走了。」

後來的人還沒有下車，我們已穿過了操場。一羣正在打球的男女學生，眞是消息靈通，連忙拿了課本、筆記簿來找我們簽名留念，實在對他們不住，我只簽了三個，還有好多從風沙中趕來的，車子已經發動，只好第二次來澎湖時，再給他們補簽了。

「大榕樹到了！」

大約在路上走了四十多分鐘，車子停在通樑大榕樹的外面。

「呀！這麼大！」

只聽到一片嘖嘖的讚嘆聲。

我抬頭望了望，只見一把天然的綠傘覆蓋在上面，枝葉扶疏，氣根下垂，和主根一般大，我們一個人合抱還有餘，數了一下，共有三十條，在主幹上寫著關於這株大榕樹的來歷有兩說：

一說在三百年前，由商船載來，原爲盆栽，後移植於此；還有一說是：該樹種於康熙十六年孟春日，由福建駛來一艘商船所載，這船在海洋中，遇到狂風沉沒了，只有這榕樹，飄流海面，浮至通樑村的保安宮前，由村民鄭亨拾到，他又贈給林瑤琴；林氏覺得這是一株奇怪的樹，一定是菩薩送來的，就把它種在保安宮的前面，從此宮裏香火旺盛，凡是到澎湖訪問過的人，沒有不來這裏欣賞的。

的確，這是一株奇怪的樹，三百多年來，居然沒有人去砍伐它、摧殘它，讓它自由自在蓬蓬勃勃地生長。繁植的面積，據說已達六百六十四平方公尺，可容納七八百人乘涼；我想，假如在下面開圓桌酒席，三十桌左右，是不會成問題的。這株樹，屹然獨立在海濱，它不怕季風的摧殘，不畏天旱的侵襲，氣候越惡劣，它長得反而越茂盛，它代表我們中華民族不屈不撓的精神，可與阿里山的神木相媲美。

朋友們都爲這神奇的榕樹陶醉了，有的在樹下拍照，有的在保安宮虔誠地求籤，我也跑去抽了一支，上面寫著：

「勸君把定心莫虛，天助衣祿自有餘；明令重重常吉慶，時來終遇得明珠。」

除了第三句，文字有點不大通順外，其餘都很好。

「看這支籤文，謝先生，你還要生個千金呢！」琰如取笑我。

「不！說不定我要發大財啊！」

說得兩人哈哈大笑起來。

就在大榕樹的附近，我們參觀了跨海大橋的預定工程。

這是一項偉大的工程，由這裏通到對面的漁翁島，全長五五九〇公尺，全部工程費預計五千萬元，將分五年完成。

這條跨海大橋完成之後，對於漁翁島等地的人民生活，無疑地會大大改善，而我們守軍的補給、運輸也更便利了。

永生的靈魂

雖然，我們在澎湖只有短短的七小時停留，可是重要的單位我們都去訪問過了。從碉堡裏出來，我們的車子如飛地駛往林投公園。

這是澎湖唯一樹木最多的地方，松柏蒼蒼，別有天地，使人一走進去，就有莊嚴肅穆之感。原來這裏是陣亡烈士公墓的所在，在「八二三」砲戰中陣亡的吉星文團長（偉大的蘆溝橋事變，放第一槍的英勇壯士！）和趙家驤、章傑三位將領的忠骨，都安葬在這裏。再進去。便是忠烈祠，我們致祭以後就參觀安置骨灰的地方，大家默默地走著，我望著那些烈士的相片，他們都睜大眼睛看著我，彷彿說：「我們未完成的責任，等待你們去負起來！」

——忠勇的烈士，您安眠吧！你們對得起國家，盡了最大的犧牲，我們會踏著你們的血跡前進的，祝福您在天之靈永生！

我默默地含著淚爲他們祈禱。

再見吧！澎湖！

時間過得太快了，手錶上的秒針，像在飛一般，一會兒就到了五點半。因爲時間太匆促，我們還來不及去拜會蔣縣長，沒想到他和他那美麗大方的夫人早已來陪我們很久了，臨行還蒙司令官和蔣縣長送我們許多珍貴的澎湖土產，有吃的、也有用的；加上朋友們自己買來贈送親友的花生酥、蝦油等等，眞是滿載而歸。

「這次時間太短，招待不週，希望下次有機會你們再來多住幾天！」

累了一天的張主任對我們說，他的精神實在太好了，沿途爲我們介紹澎湖的一切，始終沒有倦容。

再見吧，可愛的澎湖，在風沙中生活、工作的朋友們，我特別懷念你們，敬佩你們，也日夜爲你們虔誠地祝福！

兩個金門

「這裏有兩個金門，一個在地上，一個在地下。」

這是兩年前，我隨青年寫作協會的朋友們去金門訪問，劉司令官說的一句話，至今我還深深地印在腦子裏。

這次婦協也組團去金門訪問，我有幸參加，舊地重遊，所得印象，比兩年前更好，更深刻，現在且簡單地介紹幾點在這裏。

一座幽美的大公園

兩年不見，眞想不到馬路兩旁的蒼松翠柏長得又高又大，那些紅紅的土壤，都變成了黑的；紛紅色的夾竹桃隨風飄舞；紫色的小喇叭花，也婀娜地搖動着它的腰肢，放眼望去，處處是紅花綠樹。

「美！金門眞美啊！」

坐在我旁邊的是詩人蓉子，她是第一次來金門，腦子裏的金門，也許以爲是滿目荒涼，戰痕纍纍；這麼幽美的風景，怪不得她要讚不絕口了。

「你還沒有去地下金門，那兒才好玩哩！」我說。

「地下金門？你是指的坑道嗎？」

她睁大着美麗的眼睛問我。

「是啊，我最欣賞的是坑道，四通八達，走到裏面又清涼又乾淨，我如果住在那裏寫文章，一輩子也不想再出來。」

談着，談着，很快就到了休息處了。

喝了一杯涼透心肺的冰水，擦一把臉，舒服極了。

最緊張的一日

我們的飛機是九點十分到達，下午四點半開回臺北，在這僅僅只有七小時又二十分鐘的短短時間裏，我們要把金門最重要的工事、古蹟、風景參觀完畢，還包括午餐在內；試想，我們的生活是多麼緊張！有時上階、下階，不是在走，而是在跑。我本來有傷風的毛病，心裏又念着家裏躺在床上的病人，一雙腿彷彿有一百斤重，拖也拖不動；可是奇怪，一到了坑道，我的雙腿忽然有勁了，我像那次在馬祖一樣地健步如飛。吃完午餐後，朋友勸我閉着眼睛養養神，一看錶，我連忙催促大家趕快出發，因爲下午還要參觀莒光樓、吳稚暉先生海葬處、陶瓷廠、紫薇廳……眞要感謝陳副主任和康組長他們幾位嚮導，利用在車上的時間，已經對於金門的地形、人口、敎育、風景、古蹟，做了簡明扼要的介紹，所以我們一到那地方，印象就更加深刻了。

迷路

站在莒光樓的三層樓上，瞭望金門全景，實在太美了！那一座座的小平房，完全是大陸的風光，碧海裏滾滾的白色波濤，點綴着大自然的風景是那麼雄壯，那麼肅穆，涼風不住地吹來，週身感覺涼爽、舒服。

「不要走了吧，我們就住在這裏。」

有人這麼說。

「當然，不走了，我們下午六點，請你們在莒光樓吃晚飯，爲你們接風。」

陳副主任幽默地說。

下樓來，我和澈菡走得最快，出了公園大門，看不見我們的大巴士，知道迷路了，她趕快往回走，我一個人還呆呆地站在那裏，以爲巴士等一下會經過這裏的。

三分鐘、五分鐘過去了，沒有聽到一點車子的聲音，我悵望着大陸，假想那朵白雲下面，便是我的故鄉，那兒有我的哥哥嫂嫂、親戚朋友在想念我；還有十億多失去自由、快樂的同胞，我深深地歎了口氣，眼淚不由自主地滾了下來。

「她們都在擔心你失蹤了！原來你在這裏找靈感。」

嚮導先生來找我，把我從懷念的氣氛裏喚回來。

坑道裏的奇蹟——紫薇廳

「『八二三』砲戰以後開始建築紫薇坑道，紫薇廳是最近才開鑿的，時間只化去四個多月。』」

田原先生如此告訴我，使我大吃一驚。

紫薇坑道，位於擎天峯下，裏面究竟有多少階級，還沒有統計，我想總在千數以上。階梯的旁邊做了扶梯，紅白相間，有點像頤和園裏的長廊，不過那是平坦的。坑道裏有最新式的衞生設備、化粧室，到處有日光燈，像白畫一般明亮。走到坑道裏，假如沒有人領路，你準會迷路的，彷彿走進了八陣圖，你只感覺新奇、有趣，渾身涼爽、舒適；因爲這是天然冷氣，冬暖夏涼，住在這裏的將士們，實在太幸福了！

「這個紫薇廳，可以容納一千五、六百人，舞臺之深度、廣大，也冠於全臺灣的影戲院，假如有兩百個演員同時在舞臺上表演，是不會擁擠的。」

主人向我們介紹，擡頭望望這個像天壇祈年殿裏的圓頂紫薇廳，實在太雄偉了！

「這工程太偉大了！是怎麼打成的？」

幾乎每個人都在異口同聲地問。

「從上面開始，一點一點地往下面打開。」

「唉！眞是巧奪天工！」

「這簡直是鬼斧神工！」

「人定勝天！一點不錯。」

把我們腦海裏的讚美詞彙都搬出來，也不能形容這工程的巧妙神奇。雙手萬能，本來是誰也知道的事；但戰士們的雙手，我想比任何人的手更要萬能，主要的是他們能咬牙，能克服一切困難，不怕危險，拿生命都可以犧牲的精神，來從事各種克難建設，沒有不成功的！

稚老銅像

車子開到了一處風景特別淸幽的地方，突然停住了。

「這是什麼地方？」

「水頭，有吳稚老的紀念亭。」

「呀！風景太美了！」

幾乎是二十多個人，都在同聲讚美。

我向稚老的銅像行了三鞠躬禮，望着那副和藹可親、現出微笑的面容，稚老實在永遠活在我們的心中。

眞的，這地方太美了！假如誇張一點地說，這簡直是金門風景最美的地方，藍色的天、碧綠的海，天上飄浮着白雲，海裏洶湧着白浪，海風不住地吹來，令人有飄飄欲仙之感。

陳副主任說：

「可敬佩的老人！他永遠不忘記大陸。」

這時，蔣竹君小姐和張宜仁女士都在替我們拍照，我的心裏眞是感慨萬千。

車子又要開了，很快地我們到了陶瓷廠。

利用金門的特產——白土，做出了很多美麗而實用的瓷器。我們去參觀時，三十多個員工正在加緊工作，有的繪畫、有的上釉、有的做坯子、有的在調泥。那位繪畫的，好像是個大畫家，隨便在花瓶上動幾下，就是一幅生動的畫圖。我們都看得入神了，誰也不想走，都想買一點甚麼帶回去做紀念；可惜這裏沒有售貨部，還要到金門街上土產供應社才能買到。

歸途

時間在我們今天的節目裏，溜走得特別快，幾乎每隔四、五分鐘就要看一次手錶，原因是我們的節目排得太多太緊；除了因爲巴士太大，不能上太武山，使我們感到遺憾外，其他如馬山喊話站、心戰指揮部、鵲山、六一高地……統統參觀過了，還意外地跑去金門中學，滿以爲會見到信招的，誰知她上街了，只看到她的門上那把小鎖。雖然感到失望；但我看到了操場廣濶的學校，到處是一片青草，我替她高興，這位來自印尼的小姐，一定不會感到戰地是可怕的，希望她在這裏好好地任教，多培植一些勇敢可愛的青年學生出來。

四點半到了，主人們送我們上飛機，我們忙得連道謝的機會都沒有，心裏感到無限的內疚，我們這次去訪問，除了各人帶了些自己的著作和一些臺灣出版的雜誌而外，甚麼也沒有，每人只有一顆誠摯的心，爲他們在前方的將士們祝福——祝福他們健康、勝利！

歸途中的飛機，比去時更平穩了，同伴們累了一天，有的在打盹，有的在低聲談話，有的在隔窗看雲海；我則和田原先生舉行筆談。奇怪，今天我的精神特別好，本來有病的，如今卻霍然而癒了，我的腦海裏留下了金門最深刻的印象，莒光樓、紫薇廳、豐盛的午餐，那雙刻有「金門紀念」的筷子、那條金門最繁華的街道——莒光路、吳稚暉先生的銅像——水頭……。

我從小小的圓窗裏，望着西天一片燦爛的晚霞，通紅的火球，慢慢地向地平線下沉，從白雲裏透出渾紅的顏色。眞美喲！我的心在開始跳動，金門是最接近大陸的，等於我看到大陸的落日，大陸的晚霞了！我默默地仰望着天空，把我想念親友的熱情，拜託悠悠的白雲帶回故鄉，帶回故鄉……。

不知不覺地，我的熱淚又滾下來了。

苦憶愛晚亭

遠上寒山石徑斜，白雲深處有人家；停車坐愛楓林晚，霜葉紅於二月花。

唐・杜牧

對着翁松安先生爲我畫的第二張「愛晚亭」，我有無限的謝意，與無窮的感慨：

愛晚亭在湖南長沙嶽麓山，爲湘省名勝之一。因它位於中國五嶽之一的「南嶽衡山」之北腳故名嶽麓。

這裡的名勝很多：宋代所建的「嶽麓書院」，爲理學家朱熹、張南軒兩先生講學之所。後改建爲湖南大學，故址仍然保存。

沿愛晚亭而上，有「霜葉紅於二月花」的青楓峽，左有參加辛亥革命，重肇共和的蔡松坡，與劉崑濤等烈士之墓及紀念碑。山頂上，還有大禹治水碑，以及雲麓宮、白鶴泉、飛來鐘……許多名勝古蹟。

當民國十年的秋天，我考進湖南第一女子師範的時候，頭上梳着兩條辮子，完全一副鄉下姑娘打扮。朋友帶我第一次遊麓嶽山。當我發現愛晚亭和青楓峽的時候，便深深地愛上了它。祇要能在星期日抽出半日功夫，一定去重訪愛晚亭。

民國二十六年的七月七日，蘆溝橋事變，引起全國抗日戰爭。我於安葬慈母之後，遵病中老父之囑，移孝作忠，組織並親自率領湖南婦女戰地服務團，逕赴東戰場救護負傷將士。從那年開始，便沒有再回過長沙。屈指算來，快滿四十一年了！在這漫長的時間，我無時不在懷念愛晚亭。我曾經發過這樣的癡想：我要請我認識的畫家朋友，每人爲我畫一幅愛晚亭，掛滿我的客廳。第一個爲我畫愛晚亭的，是由美還臺，舉行畫展的王英保先生，第二位，便是翁松安先生。我把他們的畫，掛在客廳，日夜欣賞，以解思念之苦。

可是，我對於藝術愛好的慾望是無窮的。六年前，我由臺來美，當我的右腿在復興輪上跌斷之後，痛苦不堪，萬念俱灰。能夠引起我一絲生存的興趣，唯有文學與藝術；於是我忽然想到要徵求國內外的詩、書、畫名家，賜給我珍貴的墨寶。使我裱成若干部册頁（每五十頁爲一册）。在生時，我與家人以及友好共同欣賞；西歸後，就捐給國立歷史博物館永遠珍藏。

這就是我特請翁松安先生爲我畫第二幅愛晚亭的原因（册頁的大小是十二乘九英寸因爲翁先生送給我第一幅太大，故有此請求）。

這是眞正的愛晚亭。一草一木，亭子的構造大小，形狀，和眞正的愛晚亭一模一樣。我高興得兩眼含着淚珠。這是感激的淚，也是悲哀的淚，爲什麼？

因爲曾經不止一次，我在夢中漫遊愛晚亭；可惜已經大大地改變了：青楓峽裡再也看不到紅葉飄飛，青青的草地，一片枯黃；溪水早已乾涸，再也看不到魚蝦。那怕是星期日，遊人稀少，因爲他們都去另外一個世界「改造」去了。唉！多少傷心往事，都付與湘水北流，眞是不堪回首話當年！

如今，我擁有翁松安先生這幅更逼眞、更傳神，更柔美的愛晚亭。我的精神會得莫大的安慰與鼓勵。

愛晚亭呵！你永遠活在我的內心深處，我相信有生之年，會和你再見！……

一九七八、五、三深夜

張獻忠的七殺碑

天生萬物以養人，人無一物以報天，殺殺殺！殺殺殺！殺！

成都少城公園內，陳列着一塊「七殺碑」，碑上刻着前述一些大字。這塊碑據說是殺人魔王張獻忠的「傑作」，看了使人毛骨悚然，憤慨萬分，恨不得把他從土裏挖出來鞭屍三百才甘心。

張獻忠有十個最親信的乾兒子，他們的名字是：劉文秀、李定國、艾能奇、張能第……等，其中尤以平東將軍最得寵。張獻忠每到一處，必定要把所有的老百姓殺個精光，心裏才痛快。

當他正要進行殺得一個人也不保留的時候，平東流着淚忠諫張獻忠：

「王呵，您轉戰了三十年，所到過的地方，人民都被您殺絕了，沒有一寸一尺的土地可以保守，我們跟隨您有什麼意思呢？現在您費了九牛二虎之力，拚萬死才得到這塊土地，您應該完成霸業了；如今您又要把百姓殺光，我們活着還有什麼用呢？請您賜給我您手裏的劍吧，我要比老百姓先死在您的面前。」

事霸王爲師

張獻忠看見平東王這麼傷心，他暫時下令停止屠殺；可是他又想出了一個新花樣：壯男少婦，一律住在軍營裏面，父子夫婦離散，街市搜括一空。

張獻忠自己宣布爲西王，改國號爲大西，改元大順，以成都爲西京，用汪兆麟爲左丞相，嚴錫命爲右丞相；還設有六部尚書。以蜀府外屋爲朝房，僞相以下，朝罷議事，第一次開會，就討論科舉取士，以漢川樊某爲狀元。張獻忠寫了一篇文章，歷述古代帝王的得失，他心目中最佩服的人物是楚霸王，還作了聖諭一道，叫人刻在石上，嚴錫命作註解，諭曰：

天以萬物與人，人無一物與天；
鬼神明明，自思自量。

這幾句話，似通非通，眞是莫名其妙。

張獻忠的殘忍，把殺人當做遊戲，尋開心，這是大家都知道的事，這裡要介紹幾種聞所未聞、見所未見的殺人方法：

張獻忠命令獄卒把犯人的皮活剝下來，假若皮還沒有剝光，人就死了，他就要把獄卒處死。他看見剝皮的犯人痛得滿地打滾，眼淚雙流，慘痛呼號，他就仰天大笑，高興萬分！

他娶了一位陳小姐做僞后，封她的哥哥爲國戚，不到十天，突然賜陳氏死，她的哥哥和兩位尚書，都處以極刑。最豈有此理的是：當僞官每天早晨上朝時，張獻忠命下人放進幾十條狼犬，從每個人的身邊走過，假如這隻狗在這人的身上嗅一嗅，馬上牽出去殺頭。這種最不合理、最殘忍的殺人方法，他用了一個很巧妙的名詞，叫做「天殺」！

張獻忠不知道爲了什麼，特別恨四川人，他先要屠殺讀書人，然後再殺老百姓和士兵。有一次，在成都西門外青羊宮，一次殺了二萬二千三百讀書人，把筆墨都堆在那裏，連同屍體搭成一座橋，命令兵馬從上出入。又把每十位百姓用繩子縛在一起，活埋起來；把錦江的水堵住，再將億萬黃金丟下去，上面蓋以土石，然後決堤放水，叫做「錮金」。

與文昌聯宗

也許是殺人太多，他經常看見鬼，有一天，他一個人坐在宮殿裏，聽到後殿有絲竹歌唱的聲音，非常好聽，他跑去一看，原來那些彈琴、唱歌、打鼓鳴鐘的幾十個人，都是無頭鬼！他嚇得魂飛魄散，暈倒在地；醒來，趕快逃至北門城樓，從此不敢入宮了。

張獻忠椎魯無文，據說有一次他去祭祀文昌帝君，祭文中祇寫寥寥數語：「爾姓張，咱老子也姓張，咱們聯了宗罷，尙饗？」這眞是千古妙文，文昌帝君如果有靈，定然啼笑皆非。

還有一件令人不解的事，也一併記在這裡：

在成都的東門外，沿江十里，有一座鎖江橋，橋畔築有廻瀾塔，明萬曆年間，爲布政余一龍所修。張獻忠竊據成都後，他登上廻瀾塔，瞭望成都的宮殿城池，忽然對他的侍從說：「這座塔於城不利，趕快拆了它，修築一座將臺。」

應諸葛預言

當工人掘地取磚，至四五丈深的時候，發現古碑，上面有用篆書刻的字：

修塔余一龍，拆塔張獻忠。歲逢甲乙丙，此地血流紅；妖運連川北，毒氣播川東。吹簫不用竹，一箭貫當胸。漢長與元年，丞相諸葛孔明記。

後來張獻忠果然是被人一箭射傷的，他曾經負傷躲在一些積柴的下面，終於被搜出來殺掉了。

善有善報，惡有惡報，這就是殺人魔王應得的下場！我寫完了這篇短文，有這麼一點感想：朱毛這許多年來在我國大陸國土上所作所爲的，比起張獻忠來實有過之而無不及，張獻忠既是那樣的下場，朱毛還能倖免嗎？他們瘋狂的日子不會太久了！

今日的馬祖婦女

我第一次看到馬祖的婦女，是在上月廿四號抵達南竿的時候，我看見左邊一排穿着樸實，臉上流露着熱情的鄉村姊妹們，我高興極了，恨不得和她們一個一個地握手；可是事實上辦不到，人太多了，十幾輛吉普車，還有政治部主任、副主任都在等候我們上車，只好和她們匆匆地點頭揮手，說聲「謝謝」就上車了。

當我們第二天開始參觀工事的時候，馬祖婦女會兼婦聯分會的總幹事田伯鏞女士一直陪伴着我們。她是湖北人，精明能幹，口齒伶俐，是一位了不起的外交人才。在她和王毓英女士領導之下，馬祖的婦女都組織起來了，在協助民衆、敬軍勞軍方面，做了不少工作：她們設有婦女之家，辦了一個婦女縫紉訓練班，每期三個月，畢業之後，還要送給學生每組一架縫紉機，這麼一來，凡是來學習的更熱心更努力了！我們那天去參觀，看見一位十三歲的小姑娘，正在學習裁西裝褲。過去，她們都是文盲，只知道幫助家人補網、曬魚、養鷄、餵豬；如今她們可以受中學教育、大專教育（起碼也要受完高小教育），她們會看報、看文藝書籍，還曉得世界大事、學洋裁，她們的知識在一天一天進步之中。

「馬祖的婦女有鬧離婚的嗎。」我問田女士。

「有的，多半是女方提出來。」

「爲什麼？」

「因爲馬祖男女的婚姻，過去都是指腹爲婚的多，女的結婚之後，因爲受過教育，對於只曉得捕魚的丈夫漸漸感到不滿，她的知識比丈夫豐富，接觸的人比丈夫多，自然而然地她要求自由，想擺脫父母包辦的婚姻。」

「遇到這種情形，貴會怎麼處理呢？」

「當然盡量地勸雙方和解，萬一不可能，只好由鄉公所或者請示政務委員會去處理；好在這類事件並不多，原因是馬祖民風淳厚，人民生活安定，虛榮浮華的風習還沒有傳到這裡來，所以我們只看到一片安靜、和平、欣欣向榮的現象。」

這是實在的情形，馬祖的婦女，老一輩的都是三寸金蓮，走起路來東倒西歪，頭上梳着髮髻，耳尖戴着長長的銀耳墜；十多歲的小姑娘，穿着短短的花棉襖、長褲，梳着兩條小辮子，不施脂粉，表現出一種天然的純樸之美。我愛她們，從她們的身上，找到了我幼年時代的影子；尤其使我高興的是我認識了北竿小姐王素卿。她是被派來歡迎我們的婦女代表之一，穿着黑底紅花的軟緞衣、黑色的中式長褲、白襪、黑皮鞋，小學畢業，能講國語。她的風度沉着，自然而大方；當席德進先生替她畫像的時候，她絲毫沒有忸怩不安的表情，她比一個做慣了模特兒的人還要自然，還要聽話，畫完了一張之後，她輕聲地問道：

「再畫一張好不好？」

我們都大笑起來，原來她自己也要保存一張；於是席先生又爲她畫了第二張半身像，在我看來，這張相比全身相更美麗更自然。

在一般人的想像之中，以爲鄉下姑娘是膽小的、害羞的，不敢在大庭廣衆之中露面的；假如叫她們站起來說話，一定會遭到拒絕；你若用這種眼光去看馬祖婦女，那就大錯而特錯了！

在南竿舉行的文藝座談會上，有兩位馬祖中學的女生代表參加，田總幹事和那位在衞生院服務的陳小姐比較到得晚一點，後來主席段主任請她講話，她大大方方地站起來，用清晰而熱情的聲調說道：

「各位作家先生，承你們光臨馬祖，這是馬祖的光榮，我相信各位回到臺北，一定能寫出許多偉大的作品，發揚我們馬祖的精神！」

短短的幾句話，多麼得體，多麼流暢，多麼有力！

在北竿，我們停留的時候比較多，參觀訪問也比較從容。我們曾到過王小姐的家裡，她的母親正在照料店舖，雖到了中年，臉形還很美，她親切地招呼我們上樓休息、喝茶。在樓上，我又看到了和我老家一樣的佈置，一樣的床，梳粧臺上差不多的陳設。我忽然想起家來，更想念我的幼年時代，我彷彿沉醉在故鄉的夢裡。我奇怪：爲什麼我有勇氣把小腳放開？有勇氣逃出來？有勇氣跑去當兵？有勇氣做了叛逆的女性？假如我那時不讀書，不跑出來，我現在不是和我所見到的這些老太太一樣嗎？……

「走吧，我們要去鄉公所了！」

一聲叫喚，打破了我的沉思。

這天晚上由北竿鄉長潘輔先生款待我們，兩位小姐向我們敬酒，我感慨太多，很想多喝幾杯，以痲醉一下激動的腦筋，但爲了胃病和眼睛不許可，只好婉拒了主人和兩位小姐的盛意。

在馬祖，你絕對看不見一個妖里妖氣的女人，眼睛舒服極了！她們在戰鬥的馬祖生活，一切都簡單樸素；更能吃苦耐勞。我們看到打漁的船回來了，於是婦女們便趕快去幫忙洗蝦皮、擡蝦皮，能負重擔，動作敏捷，比起那些吃飽了飯，整天坐在痲將桌子上浪費大好光陰的婦女，她們是太偉大了！

三民叢刊 1

邁向已開發國家

孫震 著

邁向已開發國家的過程中，先是追求成長與富裕，但富裕之後，仍有很多我們要追求的目標。作者孫震博士，曾參與臺灣發展的規畫，也對臺灣邁向已開發國家的前景充滿信心，但除了經濟上的成就外，作者更關心的是新時代來臨後的羣己問題、教育問題，正如這幾年來他所持續宣揚的——更重要的是邁向一個「富而好禮的社會。」

三民叢刊 2

經濟發展啓示錄

于宗先 著

在多年的高度發展以後，臺灣的經濟也併隨產生了許多問題；諸如經濟自由化的落實、勞資雙方的爭議、產業科技的轉型、投機風氣的熾盛等等，都是目前迫切的課題，本書作者于宗先先生，以其經濟學者的關心，對這些問題提出其專業上的看法。而這些討論，將更能爲臺灣進一步的發展提供可貴的啓示。

三民叢刊 3

中國文學講話

王更生 著

從「關關雎鳩，在河之洲」開始，中國文學匯流成波瀾萬千，美不勝收的滄海。坊間介紹中國文學流變的書籍很多，但大多以政治朝代分期，無視於文學本身一貫的生命，而把文學以政治分期的手術刀隨意支解；本書突破以往陳陳相因的格式，改採以文學體裁爲基據的敍述方式，將各種文體的流變以一氣呵成的方式介紹給讀者。以使讀者有遊目騁懷之快，也更能掌握中國文學整體的生命。

三民叢刊54

紅樓夢新解

紅樓夢新辨

潘重規　著

自蔡元培、胡適兩先生對紅樓夢熱烈討論之後，紅學已成爲文史學中的一門顯學。在舉世風從胡氏的自傳說之後，潘重規先生獨持異議，發表論文主張紅樓夢是漢族志士反清復明之作，使學界對胡氏再做檢討，而開展紅學的另一新路。潘先生在香港新亞書院創設紅樓夢研究課程，刊行紅樓夢研究專輯，又於一九七三年獨往列寧格勒，披閱該處所藏乾隆舊抄本紅樓夢，發表論文，飲譽國際。歷年來潘先生與胡適、周汝昌、趙岡、余英時諸先生討論的文字及論文，今彙集爲「紅樓夢新解」、「紅樓夢新辨」重加校訂出版，使讀者能一窺紅樓夢作者之眞意所在，暨紅學發展之流變。

三民叢刊6

自由與權威

周陽山　著

自由與權威並不是對立的觀念。一個眞正的權威，是使人自願接受的力量，服從一個眞權威並不會使人感覺不自由，相反的，他是指引人們進一步思考、發展的助力。而一羣人獨立的自由，也只有在權威設定了自由的範圍後才得以維續。作者周陽山先生，探索有關自由主義、權威主義、保守主義及各種激進思潮在中國的歷程多年。在本書中，作者進一步透過相關的國際知識發展經驗，檢討自由與權威，自由化與民主轉型，以及國家社會與民間社會等層面的理念，期爲民主化的歷程建構一條坦途。

三民叢刊7

勇往直前

石永貴　著

石永貴先生，絕對是大衆傳播界一個響亮的名字，在他任內，使新生報轉虧爲盈，發行量增加了一倍，也是在他任內，使臺視業績成長了四十四倍，並使臺視新聞確立了不移的口碑。他的成功經驗、勇氣和堅持，當可予人不同的啓示。本書即收集了石永貴先生自述其心路歷程的文字，從書中，我們可以看到他怎樣期待部屬，也看到要求自己，這些經驗和理念，不僅可讓傳播人獲益非淺，一般人讀了，也可獲知成功的理念何在。

三民叢刊8

細微的一炷香

劉紹銘　著

劉紹銘先生爲海外知名學者，研究現代文學聲譽卓著。他以本名撰寫文學評論，以二殘筆名撰寫諷諭文章，文思流暢，刻畫生動，本書爲作者最新之文集，蒐集大陸民運前後發表的文評及雜文，除了析述海內外有關中國的文壇發展外，字裏行間所流露的對中國現勢及未來的痛心及關心，更是使人心動。

三民叢刊9

文與情

琦　君　著

琦君的散文，溫柔敦厚，於自然中散發出細膩的情思，久已爲人稱譽。本書即收錄了他最近的作品，從日常生活中隨手拈來，自也透露出作者駕馭文字的純熟工夫。另外並有琦君向少執筆的小說及她第一次執筆的劇本，可看出作者對文字掌握的多面能力。不可不讀。

三民叢刊10

在我們的時代

周志文　著

「在我們的時代，希望很容易幻滅，但在一段沮喪過後，逃逸了的希望又常常不期然地像雨後的彩虹一般的在遠方出現。」

本書收集作者兩年來在中時晚報所發表的時事短評，針對的人、事雖各有不同，但所抱持的理念是一致的，那就是一個人文學者對現世的關懷，與對未來猶不死滅的希望。

作者以洗鍊的文筆，犀利的剖開事件上層層的迷障，讓我們得以見到更深刻的事實和理念。

三民叢刊11 12

中央社的故事

周培敬　著

六十年來，中央通訊社一直在中國新聞界的發展上扮演著重要的角色；從建立全國性的電訊網，收回外國通訊社發稿權，見證八年抗戰，親歷臺灣經濟奇蹟，目睹了退出聯合國，中央社一遍遍的做下時代的紀錄。它寫著這些年的歷史，從而也把自己寫進了歷史之中。

三民叢刊13

梭羅與中國

陳長房　著

美國作家梭羅以其《華爾騰》（或譯《湖濱散記》）一書呼喚人們在日常更深入的生活，創造更有意義、更為快樂的生活，而聞名於世。其對生活的態度正與中國的孔、孟、老、莊思想有相契之處。作者陳長房先生層層爬梳，探究其間的關係，並論述了梭羅的作品及思想。透過這跨文化的比較，也許正可幫助我們在濁世中尋覓桃源。

三民叢刊14

時代邊緣之聲

龔鵬程　著

時代的邊緣人，不是無涉於世的出世者，他只是退居在時代激流之旁，以讀書、讀人、讀世自遣，以文字聊爲時代留下些註腳。本書即是以時代邊緣人的心情自謂而做的記述，偶或玩世不恭，亦曾獨立蒼茫，但終究掩不住其對時代的關切及奮激之情。

三民叢刊15

紅學六十年

潘重規　著

本書爲「紅學論集」的第三本，集中討論紅學發展，及列寧格勒《紅樓夢》手抄本的發現報告及研究。作者於《紅樓》眞旨獨有所見，歷年來與各方論辯之文章，亦收錄於書中，庶幾使讀者一窺《紅樓夢》之眞意所在，及紅學發展之流變。

三民叢刊16

解咒與立法

勞思光　著

近來臺灣的社會力在解除了身上的魔咒之後，一時四處噴發，整個社會因而孕育著新生和希望，也充滿了騷動和不安。勞思光先生以其治學的睿智，剖析社會紛亂的眞象，指出：「解咒」之後，必須「立法」，亦即建立新的規則，若在這一步上沒有成果，則所謂「進步」亦失去意義。值得吾人深思。

三民叢刊17

對不起，借過一下

水晶　著

「對不起，借過一下！」要借的是：在舉世滔滔，資訊爆炸的年代，各人心靈上的一點空間，來容納書中帶來之感性與理性的清涼。本書爲作者近作之散文及評論的合集，散文率從生活小事著墨，筆觸輕靈動人。評論主要針對張愛玲、錢鍾書二氏之作品，亦抉其幽微，篇篇可誦。

三民叢刊18

解體分裂的年代

楊渡　著

隨著歷史的前進，臺灣的生活方式由農業生活轉入了工業社會，生活方式的改變也帶來了社會結構，包涵政治、經濟等方面的結構解體、分裂，與重組，而重組的路究竟通向何方？改革？或是革命？作者近年來著力追尋改變的軌跡，肯定了改變的根源來自民間，其路向也該朝向人民的需求。書中文字即記錄了作者追尋過程中所注意到的種種現象，期能透過對這些現象的反省，從中得到記憶的力量。

三民叢刊19 20

德國在那裏 政治・經濟篇 文化・統一篇

郭恒鈺・許琳菲等著

一九九〇年，兩德的快速統一，使德國成爲舉世矚目的焦點，也爲其他仍處於分裂中的國家，樹立了一個典範，而「德國經驗」的成功，有其廣泛的背景。本書即是對二次世界大戰後的「德國經驗」作一次總回顧，有系統的介紹了聯邦德國政治、經濟、文化等等的制度概況，及兩德統一的過程和啓示，可爲有心更瞭解德國的人作參考。

三民叢刊21

浮生九四

——雪林回憶錄

蘇雪林　著

蘇雪林女士是新文學運動中第一代的女作家，在文藝創作和學術研究上都有豐碩的成果。晚年她親自撰寫此書，敍述其一生的經歷，文藝創作的動機、及學術研究的進程。文筆質樸，字字眞實，不僅是個人的紀錄，也是時代的見證。

三民叢刊22

海天集

莊信正　著

「海內存知己，天涯若比鄰」。若能以文會友，與天下人相交往，實爲人生樂事。作者在書中所欲實現的，正是此一理想。全書共分三輯，第一輯論中國文學，第二輯談西洋文學，第三輯則屬於比較文學。論述地區包含中、美、英、法、俄，篇篇精到，爲不可多得之作。

三民叢刊23

日本式心靈

——文化與社會散論

李永熾　著

日本人具有複雜的民族性格，美國人類學家潘乃德曾以菊花與劍來象徵這種複雜與矛盾。李永熾先生在本書中，從日本人的家族組織、社會思想、文學及電影作品等方面深入剖析日本的文化與社會，藉由此書，將有助於我們更了解日本式心靈的面貌。